KB175894

오 늘 부 터 시 작 하 는
진로탐구영역

오 늘 부 터 시 작 하 는
진로탐구영역

초판인쇄 2019년 5월 10일
초판발행 2019년 5월 10일

지은이 김종형
펴낸이 채종준
기 획 조가연
편 집 박지은
디자인 김예리
마케팅 문선영

펴낸곳 한국학술정보(주)
주소 경기도 파주시 회동길 230(문발동)
전화 031 908 3181(대표)
팩스 031 908 3189
홈페이지 http://ebook.kstudy.com
E-mail 출판사업부 publish@kstudy.com
등록 제일산−115호(2000. 6. 19)

ISBN 978-89-268-8800-1 03370

오늘부터 시작하는
진로탐구영역

김종형 지음

무슨 직업을
선택할까?

최근 아주 충격적인 통계 결과를 보게 되었다. 바로 '대한민국 어린이 · 청소년 행복지수'에 대한 조사였다. 대한민국의 미래나 다름없는 어린이와 청소년의 행복지수가 OECD 국가 22개국 중 22위(2016 제8차 어린이 · 청소년 행복지수 국제 비교 연구, 연세대 사회발전연구소 발표)라는 것이다. 말 그대로 꼴등. OECD 국가 어린이 · 청소년 중에 우리나라 아이들이 가장 불행하다는 말이다. 높지는 않겠거니 생각했지만 꼴등이라니. 사태가 정말 심각하게 느껴졌다. 참고로 1위는 스페인이고 오스트리아와 스위스가 2, 3위라고 한다. 행복지수가 낮은 데다 어린이 · 청소년 5명 중 1명은 자살 충동을 경험하며 실제 청소년 사망 원인 1위가 자살이라고 한다.

그렇다면 왜 우리 어린이, 청소년들은 행복하지 않을까?

2014년 시행한 청소년 건강에 대한 인식과 실태 조사(한국 건강증진재단)에 따르면 조사 대상 청소년의 64.5%가 극심한 스트레스를 받고 있다고 한다. 그 주된 이유로는 미래에 대한 불안감이 20.7%로 가장 높았으며, 성적 부담이 20.5%로 그 뒤를 이었다. 결국 학업과 진로의 문제가 아이들에게 가장 큰 스트레스를 준다는 것이다. 즉, 우리 아이들은 본인이 앞으로 무엇을 해야 할지 몰라서 생기는 불안감으로 많은 스트레스를 받고 있다는 말이다.

그렇다면 우리는 여기서 아이들의 입장으로 한번 생각해볼 필요가 있다. 가장 스트레스를 많이 받는 부분이 바로 미래에 대한 불안감과 성적 부담. 다시 말하면 자신이 앞으로 뭘 해야 할지 몰라 목표의식이 없는 상태임에도 불구하고 막연히 공부를 하려고 하니 왜 해야 하는지도 모르겠고, 의욕이 나지 않는다는 것이다. 공부를 하면 정확히 어떤 면에서 유익한지도 모르기 때문에 미래는 점점 더 불안해진다.

만약 하고자 하는 명확한 목표가 있다면, 앞으로 나아갈 방향에 흔들림이 없다면 지금보다 조금은 덜 불안해할 것이다.

그러므로 우리는 우리의 미래, 진로에 대해 조금 더 명확히 탐색할 필요가 있다. 진로 문제가 조금이나마 해결되어서 내가 가야 할 방향이 어느 정도 결정된다면 스트레스도 줄어들 것이다. 스트레스가 줄어들면 행복지수가 높아지는 것은 당연하다. 이는 결론적으로 보면 우리나라의 미래 국가 경쟁력까지 높일 수 있는 일이다.

그렇다면 도대체 무슨 직업을 선택해야 하나? 먼저 요즘 청소년들이 선호하는 직업으로 어떤 것들이 있는지 한번 살펴보자. 최근 청소년을 대상으로 조사한 장래희망 결과를 보면 교사·교수, 연예인, 운동선수, 콘텐츠 크리에이터(유튜버) 등의 직업이 상위 그룹에 속해 있는 것을 볼 수 있다. 왜 이런 결과가 나왔을까?

내 생각에 우리 청소년들은 본인들에게 익숙한 직업 중에서 좋아 보이는 직업을 선택한 것이 아닌가 한다. 평소 가장 많이 접하는 직업을 장래희망으로 선택한다는 것이다. 선정된 직업들을 보면 모두 청소년들에게 가장 익숙한 직업들이다. 우리가 성장하면서 가장 먼저 접하는 직업이 뭘까? 바로 선생님이다. 어린 시절 피아노학원

선생님에서부터 유치원 선생님, 학교 선생님, 커서는 대학교 교수님까지 우리는 성장하고 생활하는 내내 선생님이라는 직업과 함께하고 있다. 그러니 가장 잘 알고 익숙한 직업이 교사·교수일 수밖에 없다.

그리고 학교 밖에서 가장 많이 만날 수 있는 직업이 바로 연예인과 운동선수이다. 우리는 미디어 매체 속에 살고 있다. 스마트폰과 인터넷의 발달로 잠시 앉아서 누구를 기다릴 때도, 버스를 타고 어딘가로 이동할 때도, 심지어 친구를 만나 대화를 하면서도 우리는 스마트폰을 보면서 영상과 사진을 보고, 내가 좋아하는 기사를 검색한다. 그중 모두가 가장 관심 있어 하는 분야가 바로 방송, 연예, 스포츠 부분이다. 그러니 학교 밖에서 가장 많이 접하는 직업이 바로 연예인과 운동선수가 되는 셈이다.

거기에 최근에는 유튜브라는 영상 매체가 급속도로 발전하면서 1인 방송을 시작하는 사람이 많이 늘어나게 되었다. 그 사람들을 유튜버, 또는 콘텐츠 크리에이터라고 부르는데, 정말 잘나가는 유튜버들은 웬만한 연예인 못지않은 인기와 수익을 누릴 만큼 많은 사람들이 찾아 접하고 있다. 관심사를 검색하기만 하면 내가 해보고 싶은 것, 궁금한 것을 유튜브 크리에이터가 대신 체험해주고 정보를 주니 많이 찾아보게 되고 좋아 보일 수밖에 없다.

또 한 가지 이유를 덧붙여보자면 청소년들이 어려운 직업보다는 쉽고 편안한 직업을 선호한다고 느껴지기도 한다. 내가 학교에 다닐 때만 해도 장래희망 선호 조사에는 항상 의사, 판사, 변호사가 상위에 있었다. 하지만 의사, 판사가 되기까지는 공부의 강도와 난이도가 높음은 물론 기나긴 교육 과정을 거쳐야 하는 것으로 잘 알려져 있다 보니 상대적으로 공부를 적게 해도 할 수 있는 직업이 선호되는 것 아닌가 생각한다.

이처럼 우리가 희망하는 직업은 우리 일상에서 가장 많이 접하는 직업, 가장 익숙한 직업이 될 수밖에 없다. 그리고 그중에서 조금 쉽게 할 수 있고 좋아 보이는 직업을 희망하게 되는 것이다.

세상에는 수만 가지의 직업이 있다고 한다. 그중에는 정말 듣도 보도 못한 직업으로 한 달에 수억 원 이상 수익을 올리는 기업가도 있고, 하루 종일 힘들게 일을 하고도 얼마 되지 않는 수익을 내는 사람도 있다. 하루 종일 술만 마시는 직업(소믈리에)도 있는가 하면 하루 종일 코브라나 방울뱀의 독을 추출하는 매우 위험한 직업(스네이크 밀커)도 있다. 심지어 하루 종일 야한 사진과 비디오만 보는 직업(음란물 및 불법 유해정보 감별사)도 있다. 연예인, 운동선수, 교사, 의사, 판사 말고도 우리가 알지 못하는 안정적이고, 재미있고, 쉽게 돈을 벌 수 있는 좋은 직업이 얼마든지 있다. 이렇게 수많은 직업이 있는데 우리는 어떤 직업들이 있는지 제대로 알아보지도 못한 채 가장 익숙한 직업을 장래희망으로 선택한다.

　사람들은 자신이 알고 있는 범위 내에서만 생각하고 자신이 아는 만큼만 본다. 4~5년 전 셀카봉이라는 제품이 처음 나왔을 때 사람들은 이것이 어디에 사용하는 것인지, 어떻게 사용하는 것인지 전혀 알지 못했다. 하지만 지금은 초등학생도 셀카봉이 뭔지, 또 어떻게 사용하는지 알고 있다. 셀카봉이 어떤 것인지 그 존재와 쓰임새를 알게 되었을 때 비로소 용도에 맞게 사용할 수 있게 되었다.

　모든 제품이 그러하다. 이 제품이 무엇인지, 어디에 어떻게 사용하는지를 알고 있어야 그 제품을 용도에 맞게 사용할 수 있다. 직업도 마찬가지이다. 어떤 직업들이 있는지 많은 직업에 대해 알아야 하고, 그 직업들의 특성이 어떤지 알아야 한다. 그래야 내가 선택할 수 있는 직업의 선택지를 넓힐 수 있고 그래야 나 자신과 잘 맞는 직업을 찾을 확률이 높아진다.

어떤 사람은 하루에 10만 원도 벌지 못하고, 어떤 사람은 하루에 100만 원 이상 수익을 낸다. 또 같은 일을 하더라도 어떤 사람은 즐겁고 활기차게 일하고, 어떤 사람은 피곤함에 찌들어 억지로 마지못해 일한다. 여러분은 과연 어떠한 삶을 살 것인가?

이 책을 통해 자신과 조금이라도 더 맞는 일을 찾고 좀 더 나은 삶을 살 수 있기를 바란다.

PART 1

성공의 조건과 유망직업

우리는 누구나
필살기를 가지고 있다

나는 게임을 잘 못한다. 복잡한 것을 싫어하는 나에게 게임은 어렵게만 느껴져서 잘 하지 않는다. 그럼에도 가끔 다른 사람들과 게임을 하게 될 일이 있는데, 그럴 땐 그나마 단순한 격투 게임을 선택한다. 다른 게임들과 달리 복잡하지 않고 그냥 특정 버튼을 계속 누르기만 하면 된다. 위에 있는 버튼을 누르면 주먹을 사용하고 밑에 있는 버튼을 누르면 발차기를 한다. 게임을 하면서 마구잡이로 버튼을 누르다 보면 내가 알지 못하는 기술을 사용하게 될 때도 있다. 다만 한계는 있다. 난이도가 낮은 대결에서는 버튼만 많이 누르다 보면 대전에서 승리하는 경우가 있지만 난이도가 올라가면 내가 선택한 캐릭터의 기술을 제대로 활용하지 못해 대전에서 이길 수 없다.

주먹 때리기, 발차기 등은 아무나 할 수 있는 기술이다. 버튼만 누르면 내가 선택한 캐릭터는 주먹을 날리고 발을 뻗는다. 하지만 그것만으로 상대방에게 데미지를 주기에는 역부족이다. 조금 더 큰 데 미지를 주기 위해서는 다양하고 현란한 기술을 사용해야 한다. 하지 만 현란한 기술은 버튼 하나로 실행되지 않는다. 그 기술을 사용하기 위해서는 쓰는 방법을 알아야 한다. 캐릭터가 사용하는 기술에도 등 급이 있다. 손쉽게 사용할 수 있는 일반기술이 있고 사용 방법이 대 단히 복잡한 고급기술이 있다. 사용 난이도에 따라 상대방에게 입히 는 데미지는 달라진다.

고급기술을 쓰기 위해서는 방향과 버튼 조작 순서를 완벽히 외 우고 적절한 타이밍에 사용해야 한다. 그래야 그 기술이 상대에게 정 확하게 들어간다. 이런 고급기술을 '필살기'라고 한다. 이런 필살기 는 사용 조건이 까다롭지만 어떻게 사용하는지 그 방법을 알고 꾸 준히 연습하면 내가 원하는 시기에 적절히 사용해서 상대 캐릭터를 K.O시킬 수 있다.

필살기를 쓰기 위해서는 먼저 내가 선택한 캐릭터가 가지고 있 는 능력을 알아야 한다. 게임에는 다양한 캐릭터가 등장한다. 태권도 를 하는 사람, 쿵푸를 하는 사람, 여자, 로봇, 동물, 괴물 등 다양한 캐 릭터가 있다. 이들은 모두 서로 다른 자신만의 기술을 가지고 있다.

그들이 각자 가지고 있는 기술과 그 사용법을 알아야 한다. 그러고는 실전에서 내가 원하는 기술을 사용할 수 있도록 연습해야 한다. 실전 경험을 통해 내 캐릭터가 가진 기술들이 상대방에게 얼마만큼 데미지를 입히는지 파악하고 적절한 타이밍에 적절한 기술을 사용해야 승리할 수 있다.

우리들도 마찬가지다. 게임 속의 캐릭터가 각자 자신만의 고유 기술을 가지고 있는 것처럼 모두 고급기술과 필살기를 가지고 있다. 그리고 그것을 사용할 수 있는 능력 또한 보유하고 있다. 다만, 아직 그 기술의 사용 방법을 알지 못할 뿐이다. 사용법은커녕 어떤 기술을 가지고 있는지조차 모를 수 있다. 또한 내가 가진 필살기가 상대방에게 어떤 영향을 끼치는지도 알지 못한다. 설사 내가 가진 나만의 기술과 그 사용법을 알았다고 할지라도 실전에서 사용하기 위해서는 많은 연습이 필요한데도 말이다.

어릴 적 자주 보던 만화영화가 있었다. 명절 때마다 TV에서 방영하기도 했던 〈머털도사〉라는 만화영화다. 도사가 되고 싶어 하는 주인공 머털이와 그의 스승 누더기도사의 이야기이다. 얼마 전 아이에게 보여줄 만화영화를 찾다가 우연히 다시 보게 되었는데, 어린 시절 너무 많이 봐서 내용을 다 알고 있음에도 불구하고 재미있게 보았다. 그런데 어릴 적엔 아무 생각 없이 넘겼던 누더기도사의 대사를 다시 보니 가슴에 와 닿는 말을 많이 찾을 수 있었다. 그중에 기억나는 것이 바로 이 말이다.

> *"네가 머리털을 세울 수 있을 때부터 너는 벌써 변신술을 다 배웠던 것이니라. 다만 네가 그 방법을 몰랐을 뿐이지."*
>
> - 누더기도사, 머털도사 스승 -

도사가 되고 싶었던 주인공 머털이는 누더기도사 밑에서 10년 동안 온갖 심부름을 했지만 정작 배운 것이라고는 머리털을 세우는 능력밖에 없었다. 그것에 불만은 품은 머털이를 스승인 누더기도사가 꾸짖었고, 머털이는 누더기도사 뒤에서 머리털을 세운 채 속으로 호랑이가 되고 싶다는 마음을 가지게 된다. 그 순간 머털이는 호랑이로 변신을 한 것이다. 위의 대사는 스승인 누더기도사가 변신에 성공한 머털이에게 한 말이다.

머털이는 이미 오래전부터 변신하는 기술을 터득했었다. 하지만 그것이 머리털을 세움으로써 할 수 있는 능력임을 전혀 모르고 있었던 것이다. 결국 머리털을 세우고 내가 변하고자 하는 것을 생각하면 그것으로 변할 수 있는 능력을 이미 가지고 있었지만, 그 방법을 몰라서 변신술을 사용하지 못하고 있었던 것이다.

우리도 머털이와 마찬가지로 이미 변신술과 같은 능력을 가지고 있는지 모른다. 다만 그 변신술을 사용하는 방법을 아직 알지 못할 뿐일 수도 있다. 머털이와 같은 능력, 필살기 같은 것을 우리 자신도 모르게 이미 습득하고 있는지 모른다. 하지만 그것은 쉽게 눈에 띄지 않는다. 세상은 지금껏 우리를 모두 똑같은 곳에서 똑같은 것을 가르치고 똑같은 기준으로 평가하고 있다. 그렇게 누구도 우리의 능력을 찾을 기회를 주지 않는다. 또한 누구 하나 우리가 능력을 찾을 수 있도록 도와주지도 않는다. 결국은 우리 스스로 그 능력을 찾아야 한다.

이런 상황에서도 자신만의 도술과 필살기를 남들보다 조금 더 빨리 터득하는 사람이 있다. 스티브 잡스는 20살에 워즈니악과 함께 자신의 부모님 차고에서 애플을 창업해 세계적인 회사로 만들었고, 아시아의 별 가수 보아는 15세의 나이에 가수로 데뷔해서 한국 가요계를 평정하고 16세에 일본으로 성공적인 진출을 이루었다. 그리고 그녀는 지금 30대 중반의 나이로 SM엔터테인먼트에서 임원으로 있으면서 연예기획사 경영과 함께 후배 가수 프로듀서로 활동하고 있다. 이들뿐만이 아니다. 육육걸즈의 대표 박예나는 중3 때 인터넷 쇼핑몰을 직접 창업해서 고등학교 재학 시절 연매출 1억을 돌파하고 창업 10년차인 2016년엔 연매출 500억을 달성하게 된다.

물론 일찍 자신의 필살기를 발견하는 것만이 능사는 아니다. 자신만의 필살기를 다른 사람들보다 빨리 발견하는 사람도 있지만 반대로 아주 늦게 발견하는 사람도 있다. 폴란드의 에스더 고린틴이라는 배우는 85세에 영화 오디션에 합격하고 영화배우로 데뷔해서 여우주연상을 수상하게 된다. 또한 일본의 시바타 도요 할머니는 98세에 첫 시집을 발간해서 150만 부가 넘는 판매 기록을 달성하고 베스트셀러 작가가 된다. 중요한 건 자신에게 맞는 능력을 찾을 의지가 있는 한 그것을 찾기만 한다면 빠르든 늦든 마음껏 능력을 펼칠 기회가 주어질 것이라는 말이다.

우리는 누구나 자신만의 필살기를 분명히 보유하고 있다. 아직까지 그 필살기가 어떤 것인지, 어떻게 사용하는지 모르지만 지금부터라도 필살기를 가지고 있다는 그 사실을 인지하는 것이 중요하다. 그리고 내가 가진 필살기를 찾아서 그것을 연마하기 위해 노력한다면, 언젠가는 머털이처럼 자신이 가진 능력을 마음대로 사용할 수 있는 날이 오지 않을까 생각한다.

성공의
조건

과연 성공의 법칙은 무엇일까? 어떻게 하면 성공을 할 수 있을까? 내 나름대로 성공의 조건을 생각해본 결과, 성공을 하기 위해서는 다음 세 가지를 만족시켜야 한다.

첫째는 바로 '성공을 향한 바람'이다. 내가 원하지 않으면 아무리 좋은 조건이 내 앞에 있더라도 절대 그것을 차지하지 않는다. 즉, 바라지 않으면 얻는 일도 없다. 두 번째는 '스스로 성공할 수 있다는 믿음'이다. 나 자신에 대한 의심으로 자신을 신뢰할 수 없다면 아무것도 할 수 없다. 그리고 마지막으로 '성공할 때까지의 시도, 행동'이다. 가만히 앉아서 아무것도 시도하지 않는다면 우리는 아무것도 얻을 수 없다.

이 세 가지 조건만 갖추어지면 이루어내지 못할 것이 아무것도 없다. 우리가 무언가를 이루고자 할 때, 첫 번째 조건은 누구나 손쉽게 만족시킬 수 있다. 모두가 성공하기를 바라고 누구나 원하는 것을 가지기를 바라기 때문이다. 하지만 두 번째, 세 번째 조건은 충족시키기가 쉽지 않다.

우리는 무언가를 하기 전에 대부분 걱정부터 한다. '아~ 내가 과연 잘할 수 있을까? 안 될 것 같은데', '실패하면 어떡하지?'와 같은 쓸데없는 걱정부터 하고 시작하는 것이다. 된다는 믿음으로 열심히 노력해도 된다는 보장이 없는데, 하기 전부터 성공을 의심해서는 아무것도 이루지 못한다. 할 수 있을까 하고 의심을 하기 시작하면 성공에 대한 도전을 하더라도 나는 어차피 못한다는 생각으로 본인의 능력을 100% 다 발휘할 수가 없다.

그리고 믿음만 가지고 있다고 해서 내가 원하는 것을 이룰 수 있는 것은 또 아니다. 강한 믿음으로 무언가 시도하고 행동해야 한다. 아무것도 하지 않으면 아무 일도 일어나지 않는다. 아무리 힘들게 시작했다고 할지라도 대부분의 사람들은 몇 번의 실패를 경험하고 나면 '아~ 역시 안 되는구나'라면서 포기하고 만다. 우리가 실패하는 이유는 앞에서 말한 두 번째와 세 번째 조건을 만족시키지 못해서다. 자신에 대한 믿음 부족과 성공할 때까지 시도하지 않은 이유로 인해 성공을 이루지 못한다.

냄비에 물을 담아 가스레인지 위에 올려놓고 열을 가해보자. 물은 서서히 뜨거워지고 있지만 겉으로는 아무 일도 일어나지 않는다. 하지만 물의 온도가 100°C가 되는 순간 물은 보글보글 끓기 시작한다. 이에 비유하면 대부분의 사람들이 100°C가 되기를 기다리지 못하고 중간에 포기한다는 것이다. 그러면서 물을 가열해봐야 아무 일도 일어나지 않는다고, 아무 소용이 없다고 말한다. 하지만 물을 끓이기 위해서는 물의 온도가 100°C로 올라갈 때까지 지속적으로 열을 가해야 한다. 그래야 물이 끓어 수증기로 변화되는 것을 볼 수 있다. 물 99°C와 100°C의 차이는 단 1°C뿐이지만 결과는 전혀 다르다. 무언가를 이루기 위해서는 특정 임계점을 넘어야 한다. 무언가를 얻고 싶으면 그것을 얻을 때까지 지속해야만 하는 것이다.

그렇다면 성공할 확률을 높이기 위해서는 어떻게 해야 할까? 바로 내가 지속할 수 있는 일을 찾아서 선택해야 한다. 내가 꾸준히 할 수 있는 일, 내가 좋아하는 일을 선택해야 성공할 확률이 높아진다는 것이다. 내가 좋아하는 일이라면 어떤 일보다 꾸준히 지속할 수 있다. 본인이 아무리 잘하는 일이라 할지라도 그 일을 좋아하지 않는다면 꾸준히 지속할 수 없다. 하기 싫은 일을 억지로 하게 되므로 일의 능률도 떨어지고 의욕도 저하된다. 결국 성공의 확률은 낮아질 수밖에 없다.

반면에 자기가 좋아하는 일은 다소 어렵더라도 기꺼이 할 수 있다. 하면 할수록 흥미를 느끼고 재미를 느끼게 된다. 그 결과 자연스럽게 꾸준히 지속할 수가 있다. 그러는 과정에서 노하우도 쌓이게 되고 자신감도 갖게 될 것이다.

그러므로 우리가 성공의 확률을 조금이라도 높이기 위해서는 무조건 좋아하는 일을 해야 한다. 좋아하는 일을 선택했을 때, 손쉽게 성공을 얻을 수는 없겠지만 적어도 싫어하는 일을 할 때보다는 성공 확률이 훨씬 더 높아진다. 만약 내가 좋아하는 일을 꾸준히 했음에도 불구하고 실패한다면 어떨까? 그렇다고 할지라도 손해 볼 것은 없다. 원하는 것을 얻지 못했더라도 그동안 내가 좋아하는 것을 하면서 즐겼으니 그것으로 위안을 삼으면 된다.

나는 어릴 적부터 자동차를 무척 좋아했다. 시중에 출시되는 자동차 모형을 거의 모두 구매해서 전시했는데, 그냥 늘어놓기만 한 것이 아니라 자동차 바닥에 그 차의 연식과 가격, 출력 등을 정성스럽게 기록해두기까지 했다. 지금도 인터넷으로 가장 많이 검색하는 키워드가 자동차이다. 내 컴퓨터 배경화면은 자동차로 도배되어 있고, 지인들이 자동차에 관해 궁금한 사항이 있을 때면 나를 찾아 문의할 정도다. 그러면 나는 내가 아는 범위 내에서 설명해준다. 나는 비록 자동차 전문 기자이거나 관련 전문가인 것은 아니지만 필요하면 칠판에 그림을 그려가면서까지 열정적으로 설명할 때도 있다. 자동차를 좋아하지만 그것으로 별도의 수익을 올리는 것도 아니고, 내 직업에 큰 도움이 되는 것도 아니다. 물론 나중에 자동차 드라이버가 되거나 자동차 전문가가 되어서 수익을 내면서 크게 성공할 수도 있겠지만 굳이 그러지 않아도 상관없다. 난 그저 자동차에 대해 공부하고, 내가 좋아하는 차를 구경하고 보는 것 그 자체로 즐겁다.

자기가 좋아하는 것을 찾고 즐기는 것은 절대로 손해 보는 장사가 아니다. 좋아하는 일을 하면서 돈까지 벌 수 있다면 그보다 좋은 일이야 없겠지만 수익이 되지 않아도 이렇게 즐거운 일을 할 수 있다는 건 절대로 손해 보는 장사가 아니다.

여기 좋아하는 것을 30년 넘게 한 사람이 있다. 바로 내가 존경하는 사람 중 한 명인 방송인 송해 선생님이다. 그는 90세가 넘는 나이에도 불구하고 현재까지 활발히 방송활동을 하고 있다. 특히 KBS 의 '전국노래자랑'이라는 프로그램을 1980년부터 지금까지 40년 가까이 진행하고 있다. 그로 인해 송해 선생님은 최고령 MC, 단일 프로그램 최장수 MC라는 타이틀을 갖게 되었다. 그는 자신이 이렇게 오랫동안 프로그램을 진행할 수 있었던 이유를 2015년 방송했던 KBS 드라마 '프로듀사' 속 인터뷰에서 다음과 같이 말한다.

> "그 힘들고 어려운 일을 왜 허냐? 좋으니까, 좋으니까 35년 동안 했다 이거야~"
>
> — 송해, 방송인 —

비록 드라마 속의 한 장면이었지만 "좋으니까" 그 한마디가 내 가슴에 깊이 새겨졌다. 그는 지금도 녹화가 시작되기 전이면 가슴이 설렌다고 한다. 그만큼 자신의 일을 사랑하고 그렇기 때문에 누구보다 열정적으로 할 수 있었다. 어렵고 힘들지만 40년 가까이 할 수 있었다. 왜? 좋으니까. 더는 설명할 게 없다. 좋으니까 40년 가까이 할 수 있었고, 좋으니까 더 열심히 할 수 있었고, 최고의 자리까지 올라갈 수 있었던 것이다.

미국의 SF영화감독 J.J. 에이브람스도 어릴 적부터 SF영화에 빠져 살았다고 한다. 소위 SF 덕후였다고 한다. 그 결과 미국 최고의 SF 영화감독으로 성장했고 스타워즈, 스타트랙, 미션 임파서블 시리즈를 연출해서 큰 흥행을 일으켰다. 특히 다 죽어가는 스타트랙 시리즈를 살리면서 최고의 자리에 오른다. 그도 본인이 정말 좋아하는 일을 했기 때문에 성공할 수 있었다.

나 역시 마찬가지이다. 지역 학교의 진로 강사 일을 하고 있고, 학교 밖 청소년의 학습 지도 멘토를 하고 있지만 나에게 돌아오는 건 없다. 오히려 이동하는 차비를 들여야 함에도 봉사활동의 명목으로 힘을 다하고 있다. 사람들은 돈도 안 되는 일에 왜 개인 시간까지 빼가면서 하느냐고 묻는다. 그럴 때마다 나는 이렇게 이야기한다.

"응? 그냥 내가 하고 싶어서."

나는 내가 좋아하는 것 중에서 할 수 있는 일이 무엇인지 찾아냈고, 그중 당장 할 수 있는 것부터 실행했다. 그 결과 지금은 진로코

칭연구소까지 열어 사람들의 새로운 앞날을 위해 도움을 주고 있다. 비록 지금은 남들이 인정할 만큼 성공하지는 못했지만 지금까지의 경험을 바탕으로 책도 쓰고, 조금씩 성장하고 있다. 나도 지속하다 보면 전문성을 갖고 더 큰 성공을 할 수 있을 것이라 확신한다. 그러므로 우리는 자신이 좋아하는 것을 해야 한다.

뚜렷한
목적의 힘

성공하기 위해서는 성공할 때까지 지속하는 꾸준함이 절대적으로 필요하다. 그런데 과연 성공의 기준은 무엇인가? 얼마나 얻어야, 얼마나 성취해야 성공했다고 할 수 있을까? 그 기준은 분명히 사람마다 다를 것이다. 자신의 성공 기준은 본인이 정하기 나름이다. 100m 달리기를 한다고 했을 때, 누군가는 15초를 성공의 기준으로 잡고 누군가는 10초를 성공의 기준으로 잡는다. 우리는 이런 기준을 목표, 또 다른 거창한 말로는 꿈이라고 하기도 한다. 무언가에서 성공을 얻고 이루기 위해서는 내가 원하는 명확한 상태, 분명한 목표가 있어야 한다. 그래야 중간에 흔들리지 않고 내가 원하는 목표를 이루기 위해서 앞으로 나아갈 수 있다.

나는 부산에 계신 부모님을 뵙기 위해 종종 찾아가곤 하는데, 차로 갈 때도 있지만 대부분 고속열차를 이용한다. 각각의 열차마다 출발시간과 도착시간이 정해진다. 경우에 따라서 도착시간이 다소 지연되기도 하지만, 특별한 돌발 상황이 없는 한 예정된 시간에 정확히 도착한다. 어떻게 그렇게 정확하게 도착할 수 있을까? 그 이유는 원하는 목적지까지 정해진 시간에 도착하겠다는 분명한 목표가 있었기에 가능한 것이다.

비행기를 타도 마찬가지이다. 여러 기상 상황에 따라 변수가 생길 수도 있겠지만 5시간 비행이 예정된 거리는 5시간이 소요되고 10시간을 예정한 비행 거리는 10시간이 소요된다. 만약 목적지가 없는 비행기를 탔다고 가정하자. 그 비행기는 갈 곳을 정하지 못하고 하늘 위에서 이리저리 방황하다가 결국은 바다로 추락해버리고 말 것이다.

1953년 미국의 한 유명 대학에서 졸업생을 대상으로 20년에 걸친 장기간 프로젝트를 진행했다. 그것은 바로 인생의 목표와 부의 연관성을 찾는 실험이었다. 졸업생을 대상으로 본인이 정한 인생의 목표가 있는지 물어보았다. 그 결과 67%의 졸업생이 아직 뚜렷한 목표가 없다고 대답했고 30%의 졸업생은 목표는 있으나 그 목표에 이르기까지의 계획을 구체적으로 설명할 수 없는 수준이었다. 그리고 단 3%의 졸업생만이 본인의 인생에 뚜렷한 목표가 있다고 대답했다. 그들은 자신이 정한 목표를 구체적으로 묘사할 수 있었으며 본인이 원하는 인생의 목표를 글로 적어놓기까지 했다고 한다. 20년 뒤 연구팀은 과거 설문을 진행했던 졸업생들을 찾아서 그들이 축적한 재산을 조사했다. 그 결과는 매우 놀라웠다. 뚜렷하고 구체적인 목표를 가지고 있었던 3%의 졸업생이 축적한 재산의 합이 나머지 97%의 졸업생이 축적한 재산의 합보다 더 많다는 결과가 나온 것이다. 자기 인생에 뚜렷한 목표를 가지는 것이 얼마나 엄청난 결과를 가져오는지를 보여주는 값진 실험이었다.

비행기도 뚜렷한 목적지가 있어야 방황하지 않고 원하는 목적지에 정확히 도착할 수 있듯이 우리의 인생도 뚜렷한 목적지가 있어야 방황하지 않을 수 있다. 인생의 목표가 없다면 그것은 자기 인생이 아니다. 그저 남의 목표를 달성시키기 위해 살아가는 남의 인생의 일부에 불과하다. 그러니 지금부터라도 우리 인생의 목적지를 한번 정해보자. 지금 당장 뚜렷하고 구체적인 목표를 정하기는 쉽지 않겠지만, 작은 목표를 세우는 것부터 하나씩 연습하면 최종적인 우리 인생의 목표도 원하는 대로 명확히 그려낼 수 있지 않을까 생각한다.

나 역시 큰 꿈을 가지고 있다. 그 꿈을 이루기 위해 작은 목표를 설정하고 그 작은 목표를 달성하기 위해 하나씩 하나씩 실행에 옮기고 있다. 또한 내가 설정한 목표와 그에 필요한 부수적인 것들을 잊지 않도록 기록하고 있다. 수첩이나 다이어리에 내가 원하는 삶의 모습에 대해 기록해보기도 하고, 핸드폰 메모장같이 쉽게 꺼내 볼 수 있는 곳에 목표를 기록해놓고 수시로 본다. 그렇게 그 목표를 상기하면서 그것을 달성하기 위해 지금 나는 당장 무엇을 어떻게 해야 하는지, 내가 해야 할 다음 행동이 무엇인지 고민한다. 그러고는 목표를 달성한 내 모습을 생각하면서 기분 좋은 마음으로 내가 해야 할 다음 단계를 실행한다. 그렇게 작은 목표를 달성하다 보면, 언젠가는 정말 내가 원했던 인생의 목표에 다다를 수 있지 않을까 생각한다.

우리도 3%의 졸업생들처럼 우리만의 인생 목표 설정이 완료되었다면, 그것을 설정하는 것으로 그치지 말아야 한다. 내가 설정한 목표를 달성해야 할 분명한 이유와 명분이 있어야 한다. 그 이유와 명분이 있어야 내가 정한 목표를 위해 나아갈 추진력이 생긴다. 인간은 망각의 동물이라 조금만 시간이 지나면 모든 것을 잊어버리는 경우가 많다. 아무런 장치도 마련해놓지 않으면 내가 정했던 명확한 인생의 목표는 작년에 공부했던 교과서처럼 어느 순간 잊을지 모른다. 그러니 우리는 그 목표를 위해 움직일 수 있는 동기부여가 필요하다. 내가 성공해야만 하는 이유와 명분을 찾는 것이 내가 나의 목표를 향해 나아갈 수 있는 동기가 된다.

목표를 달성해야 할 이유를 제공하는 가장 기본적은 방법은 포상이다. 그 목표를 달성했을 때, 자신에게 포상을 주는 것이다. 가지고 싶었는데 못 사고 있었던 것을 산다거나, 먹지 못했던 고열량 음식을 먹는다거나 그동안 하지 못했던 무언가를 허락하는 등 본인에게 주는 작은 상이 목표를 달성하는 작은 동기가 될 수 있다. 또 다른 방법은 누군가와 약속을 하는 것이다. 많은 사람들에게 공표를 하거나 여기저기 나의 목표를 떠벌리고 다닐 필요는 없다. 단지 내가 정말 믿는 사람, 나를 정말 믿어줄 수 있는 단 한 사람과 약속을 하면 된다. 사람은 많은 사람과 약속을 하는 것보다 단 한 명과 하는 약속을 훨씬 더 소중하게 생각하고, 내가 가장 소중하게 생각하는 그 사람과 약속을 지키기 위해서 어쩔 수 없이라도 하게 된다.

이와 같이 확실한 동기부여를 통해 목표를 달성한 사람이 있다. 바로 프랑스의 사르코지 전 대통령이다. 그는 대통령 재임 기간 중 자신의 영부인과 이혼을 하고 당시 프랑스 최고의 모델이자 가수인 13세 연하 카를라 브루니를 새로운 영부인으로 맞이한다. 우리의 정서로는 도저히 이해할 수 없는 상황이다. 대통령이 재임 기간 중에 이혼을 하고 대중에게 잘 알려진 연예인과 재혼한다는 것은 상상이 되지 않는다.

하지만 여기서 내가 하고자 하는 말은 대통령의 재혼 이야기가 아니다. 사르코지의 다이어트 성공에 관한 이야기이다. 사르코지는 카를라 부르니와의 결혼 후 몸무게 7kg을 감량하는 데 성공했다고 한다. 몸무게를 7kg 감량한 것이 뭐 그렇게 대단한 것이냐고 할 수도 있겠지만, 50대 중년 남성이 7kg을 뺀다는 것은 결코 쉬운 일이 아니다. 그렇다면 어떻게 성공했을까?

그것은 바로 카를라 브루니의 말 한마디 때문이었다. 카를라 브루니는 사르코지의 뱃살을 보면서 "뱃살을 빼지 않으면 방에 들어오지 말라"고 선언을 했다. 뱃살이 있는 사르코지와는 만나지 않겠다는 말이었다. 사르코지 입장에서는 무조건 뱃살을 빼야 하는 상황이 된 것이다. 뱃살을 빼야 하는 분명한 이유가 생긴 것이다. 그 말을 들은 사르코지는 자신의 뱃살을 빼기 위해 다이어트를 감행한다. 무리한 운동으로 인해 병원에 입원을 하는 신세가 되기도 하였지만, 그는 포기하지 않고 다이어트를 지속해서 결국은 7kg을 감량하는 데 성공했다.

카를라 부르니라는 뚜렷한 목표와 그 목표를 달성해야 할 분명한 이유가 있었기에 가능한 것이었다. 사르코지의 다이어트 일화 이후 프랑스에서는 이와 비슷한 상황을 '브루니 효과'라고 이름 지었다.

우리도 마찬가지이다. 우리만의 명확한 목표를 설정하고, 그 목표를 달성할 수밖에 없는 이유나 상황을 만들어야 그 목표를 달성할 확률이 높다. 우리 모두 브루니 효과를 불러일으키게 할 어떠한 상황을 만들어서 남들과 같은 97%의 졸업생이 되기보다 조금은 더 특별한 3%의 졸업생이 되어보도록 하자.

무엇이
미래 유망직종인가?

최근 4차 산업혁명이니, 5G 시대이니, 아니면 스마트 산업이니 하면서 우리의 미래가 어떻게 변화할지에 대해 많은 이야기들을 하고 있다. 사실 4차 산업혁명에 관해 정확한 의미는 잘 모르겠으나 내가 이해한 것을 한마디로 정리해보자면 정보통신기술을 기반으로 모든 것을 서로 연결시킴으로써 인공지능의 시대, 즉 무인화의 시대로 바뀌는 것을 말한다.

내가 사용하는 모든 물건이 통신망으로 연결되어 있어 각자 스스로 정보를 주고받으면서 정보를 공유한다. 그 공유된 정보들로 앞으로의 상황을 예측하고 대비하게 되는 시대다. 내가 사용하는 모든 제품들이 나의 생활 패턴을 분석해서 내가 원하는 것을 자동으로 해주게 된다. 예를 들어 내가 먹고 버리는 쓰레기를 분석해서 내가 원하는 식재료가 자동으로 주문되어 배달이 오고, 매일 아침 내가 이동하는 패턴을 분석해서 별도의 목적지 입력이 없어도 내가 가야 할 곳으로 나를 데려다준다.

이처럼 앞으로 다가올 시대는 정말이지 편리한 시대가 될 것이다. 하지만 이러한 편리함 속에 가려진 부작용에 대한 우려의 시각도 많이 있다. 인공지능의 발달로 인해 사람이 하는 일은 대부분 기계로 대체된다. 그로 인해 인간의 입지가 점점 좁아지는 것이 아닌가 하는 걱정이다. 심지어는 옳고 그름을 판단하는 일, 인간이 사고하는 영역까지 기계로 대체될 수 있다. 그러면 내가 해야만 하는 모든 판단과 결정을 기계에게 맡기게 될 수도 있다. 일전에 인간과 알파고의 바둑 대결에서도 보았듯이, 이미 인공지능의 사고 능력은 인간의 능력을 뛰어넘은 지 오래다.

이러한 4차 산업혁명을 맞이하여 과연 미래엔 어떤 직업이 유망직업일까? 나는 과연 어떤 직업을 선택해야만 성공할 수 있을까?

미래학자 토마스 프레이는 변화되는 4차 산업시대를 맞이하여 크게 다음과 같은 네 가지 분야와 관련된 산업이 각광받을 것이라고 말한다. 그 네 가지 분야 중 첫 번째가 소프트웨어 관련 산업, 두 번째는 3D 프린터, 세 번째는 드론, 그리고 마지막 네 번째가 바로 무인자동차 관련 산업이다. 한마디로 말해서 미래에는 정보통신기술을 기초로 하는 산업과 무인화 관련 산업 그리고 그로 인한 파생 산업이 유망한 직업이 될 수 있다는 것이다.

정말 꼭 이와 같은 산업의 직업이 미래에 유망한 직업이 될 수 있는 걸까? 물론 그럴 수도 있다고 생각한다. 하지만 지금의 예측은 지금의 사회를 기반으로 추측하는 것일 뿐이다. 사회는 계속 변화하고, 그 변화의 속도는 점점 빨라지고 있다. 앞으로 어떤 일이 벌어질지는 아무도 알지 못한다.

실제 세상은 내가 생각한 속도보다 더 빨리 변화하고 있다. 내가 고등학교를 다니던 시절 친구들 사이에서 갑자기 유행을 타면서 번졌던 제품이 있었다. 바로 휴대용 MP3플레이어다. 그 전까지는 밖에서 노래를 들으려면 흔히 워크맨이라고 불리는 휴대용 카세트 플레이어나 휴대용 CD플레이어를 들고 다니면서 음악을 들어야 했다. 하지만 MP3플레이어의 등장으로 훨씬 더 쉽고 간단히 다양한 음악을 들을 수 있게 되었다. 손가락만 한 크기의 MP3플레이어는 그 안에 내가 좋아하는 노래를 담아서 언제 어디서나 노래를 들을 수 있는 휴대용 음악 재생기기이다. 그 시절 너도 나도 MP3플레이어를 구매했다. 음악 듣는 것을 좋아하지 않는 사람들까지 굳이 MP3플레이어를 구매해서 가지고 다녔다. 그때만 해도 왠지 없으면 안 될 것 같은 느낌이 있었다. MP3 제조사에서도 새로운 MP3플레이어를 연구, 개발하고 금방금방 신제품을 출시했다.

휴대용 MP3플레이어 말고도 조금 더 멋있어 보이는 전자기기가 있었다. 바로 전자사전이다. 조그마한 수첩 크기에 각종 사전이 내장되어 있는 기기인데, 전자사전은 공부 좀 하는 친구나 집안이 부유한 친구들이 가지고 다녔다. 작은 수첩 크기의 전자사전 하나만 있으면 무거운 사전 없이도 영어 단어는 물론이고 일어, 중국어 등 기초 회화를 검색할 수 있었고, 메모 기능과 공학용 계산기 기능에 간단한 게임 기능까지 내장되어 있었다. 사실 막상 전자사전이 있으면 그렇게 다양하게 사용할 일은 없었지만 그 시절엔 전자사전을 가지고 있으면 왠지 공부를 잘하는 것처럼 보였고, 나 역시 그런 착각에 전자사전을 가지고 다녔던 기억이다.

그러나 지금은 어떠한가? 평소 우리 주변에 MP3플레이어와 전자사전을 사용하고 있는 사람들이 있는지 돌아보자. 거의 없을 것이다. 지금도 충분히 유용하게 사용할 수 있는 기기임에도 현재는 한

때 사용했었던 아름다운 추억 속의 물건이 되어버렸다. 그것은 바로 스마트폰이라는 강력한 제품이 등장했기 때문이다. 스마트폰 하나만 있으면 내가 원하는 음악을 들을 수 있을 뿐만 아니라 내가 원하는 영상을 언제 어디서나 볼 수 있다. 또한 내 일정을 관리할 수 있고 내가 모르는 영어 단어와 회화를 검색할 수 있다. 군이 불편하게 휴대용 MP3플레이어나 전자사전을 각각 들고 다닐 필요가 없게 되어버린 것이다. 스마트폰이 MP3플레이어와 전자사전의 기능을 모두 흡수해버리면서 MP3플레이어와 전자사전은 화려했던 과거를 뒤로하고 우리의 일상 속에서 사라지게 되었다.

이처럼 세상은 다변화하고 있다. 지금 이 순간에도 변화하고 있다. 이렇게 다변화되는 세상을 살면서 그 속에서 어떤 직업이 유망한지 특정한 직종을 찾는 것은 어쩌면 매우 어리석은 일인지 모른다. 유망하다고 생각되는 직종을 따라가는 순간 그것은 이미 MP3플레이어와 전자사전처럼 추억 속의 물건이 되어버려 있을지 모른다. 그건 세상이 어떻게 변화할지 알 수 없으며, 그 변화의 속도는 우리가 생각하는 것보다 더 빠르다는 걸 의미한다. 사람들이 추천하는 유망 직업을 따라가서 그 분야 전문가가 되고 난 이후에는 벌써 그 유망

직업이 더 이상 유망하지 않을 확률이 높다. 그러므로 일반적으로 사람들이 추천하는 유망직업은 유망직업이 아니다.

유망직업이란 누군가가 좋다고 하는 것이나 유행하는 것을 따라가는 것이 아니라 본인이 가지고 있는 능력으로 유망직업을 창조해야 한다. 자기가 가지고 있는 취미나 경험으로 새로운 것을 만들어내야 하므로 지금 또는 앞으로 무엇이 괜찮은 직업이 될까 고민하는 것은 어리석은 일이다. 무엇이 유망한지를 고민하지 말고 내가 좋아하는 것은 무엇인지, 또는 내가 잘할 수 있는 것은 어떤 것들이 있는지 고민해야 한다. 자신의 잠재적인 능력을 발전시키면 분명히 세상이 필요로 하는 것을 만들어낼 수 있다.

보스턴 대학의 영문학과 교수이자 작가인 중국인 하진 교수는 스무 살에 영어를 처음 배웠다고 한다. 영어를 늦게 배웠음에도 불구하고 그는 미국의 대표적인 문학상인 펜포크너상을 두 차례나 수상했다. 그는 평소 본인의 제자들에게 항상 이런 말을 한다고 한다.

> "인생에서 확실한 것은 아무것도 없습니다. 그냥 가슴이 원하는
> 것을 따르시기 바랍니다."
>
> – 하진, 보스턴 대학 교수 –

그러니 어떤 것이 유망직업인지 찾기보다 마음이 원하는 것, 자기가 좋아하는 일을 찾아야 한다. 그리고 그 일을 지속적으로 하자. 지속적으로 하다 보면 언젠가 전문가가 되어 있을 것이고, 자신이 얻은 경험과 전문성을 통해서 사람들이 원하는 정보를 제공할 수 있게 될 것이다.

애플의 창업자 스티브 잡스는 2005년 스탠퍼드 대학 졸업 축사에서 세 가지 이야기를 학생들에게 전달했다. 첫 번째 점의 연결, 두 번째 사랑과 상실, 마지막으로 죽음에 대한 메시지를 전달했다. 그중 췌장암에 걸려 죽음에 직면한 경험을 떠올리며 이렇게 말했다.

> "당신의 시간은 한정적입니다. 그러니 다른 사람의 인생을 사는 데 시간을 낭비하지 마세요. 각자의 마음과 직관에 따르는 용기를 가지는 것이 무엇보다 중요합니다. 그 마음과 직관은 이미 여러분이 진정으로 무엇이 되고 싶은가를 이미 알고 있습니다. 그 외의 것은 부차적인 것입니다."
>
> - 스티브 잡스, 애플 창업자 -

　　남들이 원하는 것을 대신 해주면서 인생을 살지 말고 자신의 마음이 정말 진정으로 하고 싶다고 이야기하는 것을 따라서 하라는 말이다. 남의 목소리에 귀를 기울여서 자신의 일을 찾을 것이 아니라, 자기 내면의 목소리에 귀를 기울여서 자신의 일을 찾아야 한다.

　　그러니 누군가가 이야기하는 '유망한 것'을 좇지 말고 자신이 원하는 것을 찾아서 그것을 사람들이 필요로 하게끔 만들자. 그것이야말로 진정한 유망직업이라 할 수 있다.

좋아 보이는 게
다가 아니다

우리는 자신이 정말 좋아하는 것을 명확히 알지 못한다. 아직 우리는 다양한 것을 접해보지 않았고 경험해보지 않았기 때문에 좋아하는 것을 발견하지 못하는 것이 당연하다. 그래서 좋아하는 것을 찾고 있지만 여기서 범하는 큰 실수가 있다. 바로 남의 이야기만 듣고 좋다고 믿는 것과 좋아 보이는 겉모습만 보고 좋아한다고 착각하는 것이다. 좋아 보이는 것을 보고 본인이 가야 할 길이라 착각할 수도 있다는 뜻이다.

최근 몇 년 전부터 청소년들의 장래희망을 조사하면 빠지지 않는 직업이 있다. 바로 건물주이다. 왜 이 직업을 선호하냐고 물어보면, 이렇게 대답한다.

"편안하게 돈을 많이 벌 수 있잖아요."

"멋있잖아요."

사실 조물주 위에 건물주라는 말도 있듯이, 건물주라고 하면 일반 사람들에겐 선망의 대상이고 세입자들에겐 공포의 대상이다. 또 남들이 보기에는 아무것도 안 하고 가만히 앉아서 많은 임대료를 벌어들이는 것처럼 보인다. 거기에 부동산 값이 올라서 생기는 시세 차익으로 인해 생각하지도 못한 엄청난 액수의 수익을 한꺼번에 얻었다는 이야기도 종종 들린다. 한마디로 정말 좋아 보인다.

사실 나와 같은 회사를 다니던 동료도 건물을 하나 구매해서 회사를 그만두었다. 그러고는 현재 별다른 일을 하지 않고 4남매의 육아에 전념하면서 한 달에 천만 원 가까운 수익을 올리고 있다고 한다. 평범한 사람 입장에서 보면 그저 부러울 따름이다.

그렇다면 과연 건물주라는 직업이 밖으로 비춰지는 것처럼 그렇게 좋은 직업일까? 정말 가만히 앉아서, 편안하게 자기 생활을 즐기면서 지속적으로 유지할 수 있는 직업일까? 그렇기 때문에 편안한 것을 좋아하고 활동적이지 않은 사람이 선택하기 좋은 직업일까? 과연 정말 그런지는 속까지 들여다보면서 한번 따져볼 필요가 있다.

내 주위에도 의외로 건물을 가지고 있는 능력자가 몇 명 있다. 실제로 그들을 만나서 건물주의 삶과 생활에 대해서 물어본 적이 있다. 그 사람들을 만나 건물주라 너무 좋겠다, 부럽다고 하면서 나도 건물을 하나 매입하고 싶은데 어떻게 생각하냐고 물어보면 아이러니하게도 하나같이 건물 사는 것을 말린다. 그렇게 좋아 보이기만 하던 건물주인데 정작 건물주인 사람들은 건물주를 추천하지 않는다. 본인만 좋은 것을 가지겠다는 놀부 심보인지 아니면 정말 나를 생각해서 추천을 하지 않는 것인지 알 수 없었지만 하나같이 건물주가 되는 것을 추천하지 않았다.

그 이유를 물어보니, 겉으로는 좋아 보일지 모르지만 실제로는 쉽지 않다는 것이다. 건물주가 되기까지의 과정도 순탄치 않고, 건물주가 되고 나서도 할 일도 많고 신경 쓸 것도 너무 많아 마음이 편치 않다는 것이다.

일단 건물주가 되기 위해서는 많이 움직여야 한다. 돈도 물론 어느 정도 있어야 하겠지만, 돈만 있다고 해서 다 해결되는 것이 아니다. 어떤 건물을 매입할 것인지, 내가 매입하려고 하는 건물에 유동인구가 얼마인지, 얼마만큼의 임대수요가 발생하는지, 공실률은 얼마나 되는지, 주변에 다른 혐오 시설은 없는지, 법적인 규제는 없는지, 해당 지역의 발전 가능성은 있는지, 그 발전 가능성이 부풀려져 있는 것은 아닌지 등등 직접 돌아다니고 눈으로 봐야 하고 모르는 것이 있으면 물어가며 현장에서 체험해야 한다. 결코 가만히 앉아서 편안하게 있을 수 있는 직업이 아니다. 거기다 많은 공부는 필수다. 특히 법과 관련해서는 더욱 신중해야 한다. 부동산법과 세법, 건물관리법, 임차인과 임대인 간에 소송이 발생했을 때의 조치법 등 말만 들어도 복잡한 내용들을 공부해야 하고, 전문가와 상담해야 한다.

그렇게 건물을 하나 매입해서 드디어 건물주가 되었다고 해도 끝이 아니다. 내 건물의 공간을 누군가 사용하게 하기 위해서 홍보도 해야 하고, 가격 협상도 해야 한다. 이후 임대계약에 성공해서 임대료를 받고 있어도 신경 쓸 것이 한두 가지가 아니다. 건물을 깨끗하게 관리하는 것은 물론이고 건물에 문제가 발생하면 하자보수를 해야 한다. 또 관련 소방법 등을 준수해서 과태료나 벌금을 부과하지 않도록 법적 검사도 제때 받아서 건물과 건물에서 생활하는 사람들의 안전을 책임져야 한다. 특히 소방 시설에 문제가 없는지 항시 점검해야 한다. 만약 관련 법규를 몰라서 법적인 조치를 받게 되거나 내 건물에서 생활하는 사람들에게 문제가 발생하게 되면 엄청난 금액의 벌금과 과태료는 물론이고 잘못되면 한순간 철창신세를 지게 될 수도 있다. 뿐만 아니라 임차인이 중간중간 요구하는 사항도 들어주고, 임차인과 분쟁이 발생했을 때 원만히 조절해야 하는 것도 집주인의 몫이다.

사실 이렇게까지 구체적인 사항들도 임대계약을 해서 임대료를 받을 수 있는 임차인이 있을 때나 생기는 일들이다. 건물을 매입하고 임대가 되지 않아 임차인이 없다면 수익은 고사하고 건물 매입 시 빌린 은행 대출이자를 감당하지 못해 내가 그토록 원했던 나의 건물은 결국 법원 경매로 넘어가게 된다. 최악의 시나리오지만 주변에서 실제로 찾아볼 수 있는 일이다.

그런데 이러한 패턴은 꼭 건물주에게만 해당되는 것이 아니다. 다른 직업들도 마찬가지다. 겉으로 좋아 보이거나 편해 보인다고 해서, 아니면 다른 사람들이 모두 좋다고 추천한다고 해서 그 직업이 정말 내가 좋아하고 잘하는 것인지는 면밀히 따져볼 필요가 있다. 모든 것이 그렇겠지만 겉으로 보이는 좋은 모습이 절대 전부가 아닐 수 있다. 호수 위에 우아하게 떠 있는 백조를 생각해보자. 누군가가 백조를 보고 나도 물 위를 두둥실 떠다니는 것을 좋아하니까 백조가 되고 싶다고 말한다. 하지만 백조의 모습은 물 위에 떠 있는 모습이 전부가 아니다. 물 위에 떠 있는 백조는 우아해 보이지만, 실제 물속에서는 가라앉지 않기 위해서 두 발을 잔망스럽게 움직이고 있다. 물 위에 떠가는 백조만 보고 백조가 되고 싶다고 말하는 것은 너무나도 백조를 모르고 하는 말이다. 정말 백조가 되고 싶다면 쉬지 않고 움직이면서 물의 저항을 이겨내는 백조의 두 발을 알아야 하고, 자신도 그 백조처럼 계속해서 자신의 발을 움직일 자신이 있는지 확인해야 한다.

화려한 겉모습만 보고, 또는 남들이 좋다고 하니까 그것만 믿고 선택을 했는데 실제로 속을 들여다보니 내가 생각했던 것과는 거리가 먼 경우가 많이 있다. 무슨 일이든 좋아 보이는 겉모습, 내가 보고 싶은 한쪽 면만 보고 섣불리 판단하지 말자. 화려한 겉모습만 보지 말고, 다른 사람들의 말만 믿지 말고, 본인이 직접 확인해야 한다. 진정으로 내가 좋아하고 잘할 수 있는 것인지 다시 한 번 확인해볼 필요가 있다. 정말 내가 좋아하는 것인지, 내가 정말 잘할 수 있는 것인지, 단순히 좋은 면만 보면서 좋아 보이는 것인지 알아야 한다. 결과뿐만 아니라 그것을 준비하는 과정도 내가 정말 좋아할 만한 일인지 다시 한 번 확인해보자.

좋아하는 일을 할까요?
잘하는 일을 할까요?

이런 질문을 할 수 있는 사람은 그래도 운이 좋은 사람입니다. 본인이 좋아하는 것과 잘하는 것 중에서 어떤 걸 선택해야 하느냐는 말은 좋아하는 것도 찾았고, 잘하는 것도 있다는 말이기 때문입니다. '좋아하는 것'과 '잘하는 것'은 비슷한 것 같지만 이 둘의 성격은 완전히 다릅니다. 잘하지 못하면서 자기가 좋아하는 일이 있고, 정말 잘하지만 하기 싫어하는 일이 분명히 있습니다. 그래서 위 질문에 대해 저는 이렇게 대답합니다.

"단기간 내에 하는 것이면 잘하는 것을 하고,
오랫동안 지속해야 하는 일이면 좋아하는 것을 해야 한다."

당연히 본인이 잘하는 것을 하면 잘하지 못하는 것을 할 때보다 짧은 시간 안에 성과를 낼 수 있습니다. 만약 내가 달리기를 잘한다고 했을 때, 100m 달리기는 누구보다 잘 뛸 수 있을 것입니다. 하지만 2시간 이상을 뛰어야 하는 마라톤이라면 이야기는 달라집니다. 아무리 달리기를 잘해도 2시간 동안 쉬지 않고 달리는 것은 정말 달리기를 좋아하거나 달리는 데 어떤 목적의식이 있지 않고서는 절대로 할 수가 없습니다. 반면에 잘 달리지는 못하지만 달리는 것을 좋아한다면, 100m 단거리에서는 뒤처질 수 있지만, 마라톤에서는 누구보다 먼저 결승점을 통과할 수도 있습니다.

아무리 자기가 잘하는 것이라도 좋아하지 않으면 지속할 수 없습니다. 제 주위에도 이런 경우를 많이 찾아볼 수 있습니다. 회사에서 사무직으로 일하는 사람이었는데, 그는 보고서를 정말 잘 만들었습니다. 누가 봐도 정말 보기 쉽고 이해하기 쉽게 보고서를 잘 만드는 사람이었습니다. 하지만 그는 본인이 잘하는 일을 그다지 좋아하지 않았습니다. 매일 갑갑한 사무실에 앉아서 문서 작업을 하는 것이 자신의 적성과 맞지 않다는 생각을 하게 된 것입니다. 이후 그는 사무직을 그만두고 기계 용접 기술을 배워 용접사로 산업현장에서 일을 하고 있습니다. 본인은 사무실에 앉아서 일을 하는 것보다 좀 힘들더라도 밖에서 몸을 쓰면서 일하는 것이 더 적성에 맞다고 하면서 현재 본인의 일에 만족하며 지내고 있습니다. 한 번도 용접을 해본 적 없던 사람이, 40살이 다 되어 기술을 새로 배워 어엿한 용접사가 된 것입니다.

이처럼 자기가 잘 못하는 것이라도 좋아하는 일이라면 꾸준히 지속할 수 있습니다. 좋아하는 것을 하는 동안 실력은 키워지기 마련이고, 결국 자기가 좋아하는 일이 잘하는 일이 됩니다.

그러므로 단기간에 성과를 내야 한다면 자기가 정말 잘하는 것을 해야 하고, 꾸준히 지속해야 한다면 좋아하는 일을 선택해야 합니다. 그중에서도 지금 내가 당장 할 수 있는 일이 무엇인지를 확인해서 지금부터라도 할 수 있는 일을 찾아 해야 합니다.

물론 자기가 잘하는 것을 좋아하거나, 좋아하는 것을 잘한다면 생각할 필요가 없겠지만 사실 우리는 아직 자신이 좋아하는 것이 무엇인지를 잘 알지 못합니다. 지금부터라도 좋아하는 것이 무엇인지 찾아봐야 합니다.

PART 2

진로탐구를 위한 워밍업

진로탐색에도
기초공사가 필요하다

세계에서 가장 높은 빌딩은 어디일까? 바로 2010년에 개장한 UAE (아랍에미레이트공화국)의 두바이 사막 한가운데 위치하고 있는 버즈 칼리파라는 건물이다. 163층의 이 건물은 높이만 828m이다. 세계에서 가장 높은 건물이라는 타이틀과 함께 우리나라 건설사가 시공에 참여하여 국내에서도 많은 화제와 관심을 불러일으킨 건축물이다.

그렇다면 현재 우리나라에서 가장 높은 빌딩은 어디일까? 바로 2017년에 개장한 서울 송파구 잠실에 위치한 롯데월드타워이다. 123층에 높이 555m의 세계에서 6번째로 높은 건물이고 아시아에서는 3번째로 높은 건물이다. 롯데월드타워는 개장과 함께 서울의 랜드마크로 자리했고, 우리나라 사람들은 물론이고 외국에서도 많은 사람들이 찾는 관광 명소가 되었다.

비록 두바이의 버즈 칼리파보다는 낮지만 555m 높이를 자랑하는 초고층 건물이다. 555m의 건물을 지탱하기 위해 엄청난 기초 지반공사를 한 것으로 유명하다. 건물 밑에 직경 1m, 길이 30m의 파일 108개를 땅속에 박고 그 위에 5,300대의 레미콘이 32시간 동안 고강도 콘크리트 8만 톤을 부어 기초를 만들었다. 이는 버즈 칼리파 기초공사에 쓰인 콘크리트 양보다 2.5배 더 많은 양이라고 한다. 당시 전국에 있는 레미콘이 전부 잠실로 집합했다는 소문도 있었을 정도다. 이렇게 높은 빌딩을 안전하게 유지하기 위해서 엄청난 기초공사를 진행한 결과 롯데월드타워는 진도 9의 지진과 초속 80미터의 강풍에도 견딜 수 있는 견고한 초고층 건물이 되었다.

건물을 튼튼하고 안전하게 짓기 위해서는 지반을 단단히 하는 기초공사가 매우 중요하다. 기초공사가 제대로 되지 않으면 건물을 아무리 좋게 지어도 작은 지진과 바람에 견디지 못하고 맥없이 무너질 수 있다. 해수욕장 모래사장에 지은 모래성과 같이 한순간에 우르르 무너져버린다.

그리고 꼭 건물과 같은 건축공사에서만 기초공사가 필요한 것이 아니다. 어떤 것을 하든지 그 나름의 기초공사가 마무리되어야 무언가를 이룰 수 있다. 처음부터 마라톤을 완주할 수는 없다. 마라톤을 완주하기 위해선 체력 단련이 필수적으로 필요하다. 그리고 5km, 10km, 조금씩 뛰는 거리를 늘려가면서 달리는 것에 내 몸을 적응시켜야 한다. 그러고 나서 뛰어야 완주할 수가 있다. 아무런 준비 없이 뛰었다가 완주는커녕 목숨까지 잃을 수 있는 극단적인 상황이 초래될 수도 있다. 마라톤에 있어서는 체력 단련과 달리기 연습이 바로 기초공사에 해당된다.

이처럼 무언가를 하기 위해서는 그것을 위해 선행되어야 하는 것들이 있다. 겉옷을 입기 위해서는 속옷부터 입어야 하고, 라면을 먹기 위해서는 뜨거운 물을 준비해야 한다. 그리고 라면을 담을 충분한 크기의 용기가 필요하다. 충분하지 않은 용기를 준비했다면 맛있는 라면이 다 넘쳐버리고 만다. 사람도 마찬가지다. 무언가 결심을 했고 새로운 도전을 하기로 결심했다면, 그것을 하기 전에 준비단계가 꼭 필요하다. 준비 작업 없이 무턱대고 시작했다가는 구명조끼를 입지 않고 바다에 뛰어드는 것처럼 자칫 위험한 상황을 연출할 수 있다.

무언가 내가 원하는 것, 인생의 목표와 나만의 진로를 찾고자

마음먹었다면, 또 그것을 통해 내가 원하는 목표를 달성하고자 마음
먹었다면, 그것이 무엇이든 상관없이 내가 가장 먼저 해야 할 일이
있다. 그것은 바로 그것들을 받아들일 마음의 준비를 하는 것이다.
자신의 마음을 다스리고, 자신의 수준을 높이고, 자신의 그릇을 키워
서 본인이 원하는 것을 받아들일 준비를 하는 기초공사의 과정이 꼭
필요하다.

옛날 중국의 성인 공자는 그 과정을 다음과 같이 표현했다.

修身齊家治國平天下(수신제가치국평천하)

- 〈대학(大學)〉, 사서삼경 -

이 뜻을 풀이하면 '몸과 마음을 닦아 수양하며(수신), 집안을
안정시키고(제가), 나라를 다스리고(치국), 천하를 평정한다.(평천
하)'라는 뜻을 품고 있다. 다시 해석하면 천하를 평정하는 군자일지
라도 천하를 평정하기 전에 나라를 잘 다스릴 줄 알아야 하고, 그 전
에 본인의 집을 안정시킬 줄 알아야 하고, 그보다도 가장 먼저 자신
의 몸과 마음을 수양할 줄 알아야 한다는 뜻이다. 자신을 제대로 통

제할 수 없다면 본인의 집안을 안정시키기는커녕 나라나 천하도 다스릴 수 없다는 말이다.

나는 개인적으로 이 말을 매우 좋아한다. 수신(修身)의 과정 없이는 아무리 다른 일을 해봐야 모래 위에 성 쌓기와 똑같고, 작은 종이컵으로 페트병에 있는 물을 다 받으려고 하는 것과 같다. 아무리 열심히 해봐야 결국 모래성은 금방 무너져버리고 물은 넘쳐흐른다. 그만큼 무언가를 성취하기 위해서는 선행되어야 할 과정이 절대적으로 필요한 것이다.

그러니 내가 원하는 것을 찾지 못했다고 성급해하지 말고 그보다 먼저 나를 다스리는 기초공사를 해보도록 하자.

나 자신을
먼저 알아야 한다

앞에서 좋아하는 일을 해야 한다고 강조했고, 내가 진정으로 원하는 것을 찾아야 한다고 언급했다. 그렇다면 과연 내가 좋아하는 일은 무엇일까? 불행히도 우리는 우리 자신이 어떤 것을 좋아하는지 명확히 알지 못한다. 그것은 우리가 아직까지 많은 것을 접해보지 않았기 때문에 당연한 결과이다. 그러니 지금부터라도 내가 정말 좋아하는 것이 무엇인지, 진정으로 내가 원하는 것이 무엇인지 찾기 위해 많은 것을 경험해보자.

내가 좋아하는 것을 찾기에 앞서 나 자신을 먼저 잘 알아야 한다. 손자병법 모공편에 이런 말이 나온다. '知彼知己 百戰不殆(지피지기 백전불태)' 적을 알고 나를 알면 백 번을 싸워도 위태롭지 않다. 적과의 싸움에 있어서 적의 수준과 나의 상태를 정확히 알아야 모든 싸움이 두렵지가 않다는 뜻이다. 하지만 나는 이 말을 조금 바꾸었으면 한다. '知己知彼 百戰不殆(지기지피 백전불태)' 나를 알고 적을 알면 백번 싸워도 위태롭지 않다. 적을 알기 전에 가장 먼저 알아야 할 것은 바로 자기 자신이다. 우리 부대가 백병전에 능한지, 아니면 포병전에 능한지, 최첨단 무기를 잘 사용하는지 등 우리의 장점과 단점을 파악해서 수준을 정확히 알아야 필승의 전략을 수립할 수 있다. 자기 자신을 정확히 알지 못하고서는 적에 대해 아무리 잘 알아도 절대 승리할 수가 없다.

우리 자신에 대해서도 마찬가지이다. 무엇을 할지 어떤 작전을 세울지 고민하기에 앞서 자기가 무엇을 좋아하는지, 무엇을 잘하는지, 나의 수준은 어느 정도인지, 또 내가 당장 할 수 있는 것은 무엇인지 정확하게 알아야 한다.

모든 물건은 각각 사용 목적이 있고 그에 따라 기능이 다르다. 그래서 제품마다 사용설명서가 들어 있고, 각 제품은 그 용도에 따라 사용 방법도 다르다. 세탁기와 식기세척기는 둘 다 무언가를 깨끗이 하려고 사용되는 비슷한 기능의 전자제품이다. 하지만 둘의 용도는 전혀 다르다. 세탁기는 옷을 깨끗이 하는 용도로 사용하고 식기세척기는 그릇을 깨끗이 하는 용도로 사용한다. 비슷한 물건이라도 모든 물건은 각자의 용도와 기능이 다른 것이다. 사용하고자 하는 제품의 사용 목적과 사용 방법을 정확히 알아야 그 제품의 능력을 100% 발휘할 수 있다.

거창한 기능을 가진 전자제품뿐만 아니라 간단한 제품들도 마찬가지다. 여기 맛있게 끓여진 라면이 앞에 있다고 생각해보자. 우리는 라면을 먹기 위해 숟가락과 젓가락을 준비할 것이다. 하지만 그 둘의 용도는 완전히 다르다. 젓가락은 면을 집을 때 사용하고, 국물을 뜨거나 집어 올린 면을 받칠 때는 숟가락을 사용한다. 만약 숟가락과 젓가락의 사용 목적을 모르고 반대로 사용한다면 라면을 먹는 것이 쉽지 않을 것이다. 숟가락으로 면을 집지 못한다고, 혹은 젓가락으로 국물을 뜰 수 없다고 불평하거나 좌절할 필요가 전혀 없다. 단지 용도에 맞지 않게 사용되고 있을 뿐이다. 자신에게 맞는 능력을 찾으면 모든 것이 해결된다. 우리들도 마찬가지이다. 아직 내가 가지고 있는 나만의 능력을 정확하게 찾지 못했을 뿐이다.

'Isn't She lovely'로 유명한 미국의 싱어송라이터 가수 스티비 원더는 우리 모두가 아는 것처럼 시각장애를 가지고 있다. 그는 조산아로 태어나 인큐베이터 속에 들어가 있었는데, 관리자의 실수로 인해 망막이 손상되어 시력을 잃게 된다. 하지만 그는 11살에 첫 앨범을 발매하고, 지금까지 수많은 히트곡을 만들어내면서 1억 장이 넘는 음반 판매고를 올린 가수가 되었다. 그 공로로 미국 음반 업계 최고 권위인 그래미상을 25번이나 수상한다. 그는 노래를 직접 만들어서 부르는 것에 그치지 않고 피아노, 하모니카, 기타 등 여러 가지 악기도 능숙하게 연주하는 능력을 가지고 있다.

어릴 때부터 앞도 볼 수 없었던 소년은 어떻게 세계적인 가수가 될 수 있었을까? 그는 자신이 할 수 없는 앞을 보는 일에 집착하는 대신, 자신이 잘할 수 있는 듣는 것과 말하는 것에 집중했다고 한다. 어린 시절부터 앞을 보지 못했기 때문에 청각이 발달하면서 자연스럽게 음악을 좋아하게 되었고, 그 음악을 따라 부르는 것 또한 좋아했다고 한다. 그 결과 음악에 대한 천부적인 재능을 발견하고 11세의 나이에 가수로 데뷔해서 13살의 나이에 빌보드 싱글차트 1위를 차지했고, 이후 세계적인 가수의 자리에 오르게 된다. 뿐만 아니라 2009년에는 UN 평화대사로 임명되기도 했다.

우리나라에도 장애를 극복하고 재능을 발견한 것으로 비슷한 사례를 가진 사람이 있다. 우리나라 최초 시각장애인 박사학위 취득

자이자 미국 백악관에서 국가장애위원회 정책차관보로 근무한 강영
우 박사가 그 주인공이다.

그는 중학교 시절 축구를 하다 눈에 공을 맞고 실명하게 된다.
그 충격으로 어머니가 운명하시는 비극을 겪지만 그는 연세대학교 교
육학사를 이수하고 미국으로 건너가 피츠버그 대학교에서 박사학위
까지 받게 된다. 그 이후 2001년 미국 부시 대통령의 임명으로 미국
백악관에서 국가장애위원회 정책차관보를 역임하면서 미국의 장애인
을 대변하는 직무를 수행하였다. 앞도 보이지 않는데 어떻게 이런 것
들이 가능했느냐는 기자의 질문에 강영우 박사는 이렇게 대답한다.

"내가 가지고 있지 않은 것에 불평하지 말고, 내가 가지고 있는
것에 감사하면서 살아왔다."

– 강영우 박사, 전 백악관 정책차관보 –

우리도 스티비 원더와 강영우 박사처럼 본인의 상태, 본인의 현
재 위치와 수준을 정확히 알아야 한다. 내가 할 수 있는 것과 할 수
없는 것을 정확히 알아야 한다는 뜻이다. 자신이 할 수 없는 것에 집

착하고 불평하기보다는 자신이 잘할 수 있는 것에 집중해야 한다. 복잡한 쇼핑몰에서 내가 원하는 곳을 찾아가기 위해서는 지도를 보면서 현재 내 위치가 어디인지부터 찾아야 한다. 그래야 내가 원하는 곳을 정확히 찾아갈 수 있다.

어딘가 목적지를 가야 할 때도 마찬가지다. 만약 부산을 간다고 가정했을 때 본인이 있는 곳이 대전이라면 대전에 위치하고 있다는 사실을 잘 알아야 한다. 정작 대전에 있으면서 대구쯤 있다고 생각하면 아무리 가도 본인이 생각하는 시간 내에 부산에 도착하지 않는다. 그러면서 좌절하고 중도에 포기하고 만다. 반대로 서울에 있다고 착각하면 부산은 한없이 멀리 있다고 생각하고 출발조차 하지 않고 포기해버릴 수도 있다. 이처럼 목표를 달성하기 위해서는 먼저 자신의 장단점과 위치를 정확히 알아야 그에 맞는 전략을 수립할 수 있다.

그렇다면 자신을 잘 알기 위해서 가장 먼저 전제되어야 하는 것은 무엇일까? 그것은 바로 자신에 대한 사랑이다. 나 자신을 스스로 사랑하지 않으면 그 누구도 자신을 사랑해주지 않는다. 사람들은 보통 남에게는 매우 관대하면서 본인에게는 매우 엄격한 경우가 많다. 남에게 하는 배려의 절반만이라도 자신에게 베풀어야 한다. 무언가 잘한 일이 있으면 잘했다고 칭찬도 하고, 수고했으면 수고했다고 격려도 하고, 자기 자신이 대견하면 자신에게 선물도 할 줄 알아야 한다. 그래야 자신을 이해할 수 있고 그런 과정에서 자신에 대해 좀 더 자세히 알아간다.

못생긴 캐릭터 연기로 유명한 개그우먼 박지선은 스스로를 김태희보다 더 예쁜 사람이라고 생각한다고 한다. 일반적인 시각에선 김태희가 훨씬 예쁘다고 생각하지만 본인만큼은 자신이 더 예쁘다고 생각하면서 다시 태어나도 박지선으로 태어나겠다고 한다. 미에 대한 기준은 사람마다 다르고 주관적인 것이라 박지선이 예쁘다고 말하는 것을 결코 틀렸다고 말할 수 없다. 남들이 보기에 어떻든 자신만은 자신을 사랑하기 때문에 본인을 당당히 드러내고 본인의 외모를 장점으로 승화시킬 수 있었다.

이 세상에서 가장 소중한 사람은 그 누구도 아닌 바로 자기 자신이다. 지금부터라도 세상에서 가장 소중한 '나'를 사랑하고 존중하자. 그래야 진정으로 자신이 원하는 것이 무엇인지도 알 수 있을 것이다.

우리는 우리 자신을
잘 모른다

우리는 모두 자기 자신을 가장 잘 안다고 생각한다. 하지만 실제로는 잘 모르는 경우가 더 많다. 자신에 대해 소개를 해보라고 하면 선뜻 쉽게 말이 나오지 않는 것이다. 내가 어떤 사람인지를 규정한다는 것은 어려운 일이다. 아직 내가 뭘 잘하는지도 모르겠고, 뭘 좋아하는지도 모른다. 내 성격도 잘 알지 못한다. 내가 생각하는 나에 대한 모습이 정말 나의 모습인지 아니면 내가 바라는 나의 모습인지 헷갈린다.

그에 반해 내가 아닌 다른 사람에 대해서는 누구보다 잘 말할 수 있다. 오랜 시간 같이 함께한 사람은 물론이고 몇 번 보지 않은 사람에 대해서도 평가할 수 있다. 이 사람은 어떤 성격이고, 또 저 사람은 이걸 잘하고, 또 다른 사람은 이걸 좋아하고. 이렇게 다른 사람에 대해서는 그 사람이 어떤 사람인지 평가하고 말할 수 있다.

인생을 살면서 내 눈으로는 절대 볼 수 없는 것이 있다. 바로 자신의 모습이다. 거울을 통해서 볼 수 있지만 그것은 실제 내 눈으로 보는 것이 아니다. 거울이라는 매체를 통해 반사된 모습을 보는 것이다. 그것도 일정 각도에서 일부의 부분만 볼 수 있다. 옆모습이나 뒷모습을 보기 위해서는 거울이 하나 더 있어야 한다. 그나마 내 얼굴은 거울을 통해 볼 수 있지만 무의식중에 내가 하는 행동은 보지 못한다. 다만 이런 상황에서 이렇게 행동하는 자신의 모습을 머릿속으로 상상할 뿐이다. 그리고 그 상상한 모습이 자신의 모습이라고 착각하게 된다. 결국 실제 내 모습은 어떠한지 전혀 알지 못하는 것이다.

최근 〈나 혼자 산다〉라는 예능 프로그램과 같이 연예인들의 실생활을 보여주는 예능 프로그램이 대세이다. 나 역시 그런 종류의 예능을 즐겨 보는 편이다. 〈나 혼자 산다〉를 보면 진행자와 출연자들이 스튜디오에 출연해서 서로의 실생활을 함께 보면서 평소 일상에 대해 이야기한다. 그런데 이런 종류의 예능을 보면 연예인들이 자신의 모습을 보면서 꼭 이런 말을 한다. "제가 저랬어요?", "내가 왜 저랬을까?", "저한테 저런 면이 있네요"라는 반응을 많이 보인다. 자신의 모습을 보고 다른 사람들은 전혀 놀라지 않는데, 정작 본인은 자기 모습과 행동을 보고 적잖이 놀란다. 그러면서 이상한 행동을 했다며 머쓱하게 뒤늦은 사과를 하기도 하고, 조심해야겠다고 다짐을 하기도 한다. 평소 자신의 모습을 본 적이 없기 때문에 어색하게 느껴지는 건 당연한 것이다. 연예인들은 운이 좋게도 방송을 통해 자신의 모습을 돌이켜 볼 기회가 있지만 일반인들은 자신의 모습을 객관적으로 볼 수 있는 기회가 전혀 없다. 그만큼 우리는 자기 자신을 모를 수밖에 없다.

간혹 간접적으로 내 모습을 보고 깜짝 놀라는 경우는 많이 있다. 아무런 필터 기능이 없는 고화질 카메라로 찍은 나의 모습을 보면서 내가 생각하는 내 모습이 아니거나 사진 속 내 모습이 마음에 들지 않으면, 이건 내가 아니라고 부정하는 경우 말이다. 다른 사람들은 똑같은 사진을 보고 사진 속 모습이 네가 맞다고 하지만, 본인은 사진이 잘못 나왔다며 자신의 모습을 부정한다. 그러고는 보정 기능이 있는 카메라로 찍은 나의 모습을 본 뒤에야 비로소 사진 속의 사람이 자신이라고 인정하면서 만족해한다.

실제 주위 사람들을 보면 일반 카메라로는 절대 사진을 찍지 않는다. 대부분 보정 기능이 있는 어플을 사용해서 사진을 찍는 것이다. 우리는 이렇게 우리 스스로의 모습을 내가 원하는 모습으로 왜곡

하게 된다. 진짜 나의 얼굴, 다른 사람들에게 보여주는 내 모습을 알지 못하고 예쁘게 보정된 사진을 진짜 내 얼굴이라고 착각한다. 하지만 실제로는 고화질 카메라로 찍은 사진 속의 사람이 진짜 내 모습이다.

사진 속의 내 모습을 보는 것도 멋쩍은데, 동영상을 통해 보게 되면 어색함이 훨씬 더하다. 누군가가 촬영한 영상 속에서 나의 모습을 보았을 때, 〈나 혼자 산다〉의 출연자처럼 저 사람이 과연 내가 맞는지 어색하고 민망해서 그 영상을 제 눈으로 보지 못하는 경우가 많이 있다.

사진과 영상 속에서 보여지는 자신의 모습은 무척 어색하겠지만 그 모습이 바로 다른 사람이 보는 나의 모습이다. 하지만 우리는 사진과 영상 속 자신의 모습이 상상과 다르다고 자신의 본모습을 받아들이려 하지 않는다. 카메라가 좋지 않다고, 사진 촬영기사가 잘못되었다고 변명을 해본다. 하지만 사진기는 거짓말을 하지 않는다. 사진을 찍은 촬영기사가 사진을 처음 찍는 초보인 것도 아니다. 단지 내가 나의 원래 모습을 몰랐던 것이다. 내가 원하고 바라는 나의 상상 속의 내 모습을 진짜 나라고 착각하고 있었을 뿐이다.

이처럼 대부분의 사람들은 본인이 자신에 대해 잘 안다며 자신의 장단점을 소개하곤 하지만 그것은 진정한 자신의 모습이 아니다. 그저 자신이 원하는 모습을 주관적으로 자신에게 유리한 방향으로 재해석하고 포장해서 하는 말이다. 그러니 지금부터 나 자신을 좀 더 객관적으로 관찰할 필요가 있다.

자신에 대한 관찰을 통해서 진정한 나의 모습을 보고 이해해야 진짜 내가 누구인지 알 수가 있다. 나를 잘 알지 못하고서는 내가 진정으로 원하는 것이 무엇인지, 내가 정말 하고 싶은 것이 무엇인지를 알 수 없다. 자기 자신을 온전히 알고 이해해야 다음 단계로 나아갈 수 있다. 자신을 알지 못한다는 건 현재 내가 위치한 곳을 모르는 것과 다르지 않다. 그러면 복잡한 지하도에서 길을 잃은 것처럼 어디로 가야 할지 모르고 방황하게 된다.

자기 자신을 올바르게 관찰하기 위해서는 제3자 입장에서 보아야 한다. 가장 쉽게 나를 보는 방법은 바로 내가 쓴 글을 읽어보는 것이다. 자신의 이야기가 담긴 일기장이나 다이어리가 있다면 꺼내서 한번 읽어보자. 없다면 다른 사람에게 보냈던 메시지나 댓글이라도 한번 찾아보자. 자신의 글을 다른 사람이 쓴 글이라고 생각하고 그 글을 보면 새로운 모습을 발견할 수 있을 것이다. '내가 이런 말을 했구나', '내가 이런 상황에서 이런 생각을 했었구나'라고 느낄 수 있다. 그러면서 그런 글을 쓴 자신에 대해 새롭게 알 수 있다.

자신이 쓴 글을 찾기 힘들거나 존재하지 않는다면 지금부터라도 나에 대한 이야기를 한번 써보자. 내가 태어났을 때부터 지금까지 어떻게 생활을 해왔는지, 어떠한 에피소드가 있었는지, 그 에피소드가 있었을 때 어떤 감정을 느꼈었는지 기억하는 범위 내에서 기록하면서 나를 돌아보자. 그리고 최근 나의 모습까지 기록해보자. 최근에 내가 어떤 것에 관심이 있어 했는지, 하루 중 무엇을 하는 데 가장 많은 시간을 보내는지 기록해보자. 이렇게 스스로 글을 써보고 다시 읽어본다는 것은 매우 신선한 경험으로 다가올 수 있다.

나의 모습을 더 알고 싶다면 〈나 혼자 산다〉 프로그램처럼 나를 촬영해서 내가 하는 행동을 관찰하는 것도 아주 좋은 방법이다. 일상생활을 촬영해서 나의 평소 모습을 볼 수도 있다. 하지만 이렇게 진정한 나의 모습을 만나고 나를 객관적으로 수용하는 것이 쉽지는 않다. 지금까지 내가 생각한 나의 모습과 다른 나를 받아들이는 것이 매우 어렵다. 특히 자신을 관찰하면서 의식적으로 감춰왔던 단점과 콤플렉스를 확인할 수 있다. 그 단점과 콤플렉스를 마주한다는 것 자체가 무섭고 두려울 수도 있다. 그리고 그것을 온전히 나 자신으로 받아들이는 것 역시 정말로 큰 용기가 필요하다.

그렇지만 우리는 우리 자신을 정확히 알 필요가 있다. 나의 단점과 콤플렉스까지 인식하고 온전히 수용해야 자기 자신을 정확히 이해할 수 있기 때문이다. 그러니 평소에도 내가 어떤 생각을 하는지, 어떤 행동을 하는지, 내가 어떤 말을 하는지 순간순간 나의 모습을 관찰하자. 이렇게 자신에 대해 올바르게 알아야 우리는 우리가 진정으로 원하는 것이 무엇인지를 정확히 찾을 수 있다.

나를 만나는 시간이
필요하다

최근 본인 스스로 무언가를 결정하거나 판단하지 못하는 결정장애 또는 판단장애를 가진 사람이 많아졌다. 점심으로 자장면을 먹을지 짬뽕을 먹을지 등 사소한 일부터 본인이 회사를 그만두어야 할지 말지, 또 이 사람과 결혼을 해야 할지 말아야 할지 같은 본인의 인생이 걸린 매우 중요한 일까지 스스로 판단하지 못하고 그 결정을 남에게 맡겨버린다. 자신이 판단해야 할 중요한 결정을 인터넷을 통해 일면식도 없는 모르는 사람에게 물어보는 경우도 많이 있다. 답을 하는 사람이 무슨 일을 하는 사람인지도 모르고 그 사람 역시 나에 대해 아무것도 모를 텐데, 그럼에도 결정권을 대신 맡겨버린다.

물론 본인이 무언가를 판단해야 할 때 다른 사람에게 조언을 구할 수 있다. 하지만 최종 결론은 본인이 내어야 하고, 그 결과에 대한 책임도 본인이 지어야 한다. 그런데 요즘 그 책임을 지기 싫어하는 이유에서인지 모르겠지만 다른 사람에게 조언을 구하는 정도가 너무 심하다는 생각이 든다. 얼굴도 모르는 사람에게 조언을 구했다가 그 결과가 잘못되었을 때, 자신의 잘못을 인정하지 않고 자신에게 조언해준 그 사람을 탓하면서 후회하는 어리석은 일을 반복하고 있다.

그렇다면 왜 이런 일이 발생할까? 그것은 아마도 우리 성장 과정에 관련이 있지 않을까 생각한다. 우리는 어릴 때부터 "안 돼", "하지 마"라는 말을 너무나도 많이 듣는다. 부모님들은 우리에게 왜 그렇게 안 된다는 말을 많이 했을까? "이거 해도 돼?"라고 물어보면 안 된다고 하는 대답이 대부분이다. 장난을 치려고 해도 "안 돼", 공부 대신 친구를 만나러 나간다고 해도 "안 돼"라고 허락하지 않는다. 그러면서 다 너를 위해서 하는 말이라고 덧붙이곤 하신다. 하지만 끊임없이 안 된다는 말을 들으며 점점 우리는 위축된다. 이어 '내가 판단하는 것은 잘못된 것이구나'라는 생각과 함께 스스로 판단하고 결정하기를 포기한다.

물론 아직 미성년자이기 때문에, 생각이 미숙할 수 있기 때문에, 또 본인의 행동에 책임을 질 수 없기 때문에, 20살이 되기 전까지는 부모님과 선생님의 의견을 존중하고 어느 정도 따라야 한다. 하지만 성인이 되어도 누군가의 의견에 따라야 하는 상황은 크게 달라지지 않고, 결정권을 손에서 놓아버리는 것에 익숙해진 채 살아가게 된다.

성인이 되어서도 마찬가지로 스스로 판단하기보다는 다른 사람의 결정을 따라야 하는 경우가 많이 있다. 결혼하기 전까지 부모님의 판단에 따라야 하는 것은 물론 군대나 직장에서도 나의 의견은 그렇게 중요한 것이 아니다. 내가 소속된 단체의 장의 결정을 따라야 한다. 심지어 군대에선 신병에게 너는 절대 아무것도 스스로 판단하지 말고 시키는 것만 하라고 한다. 그렇다면 결혼하고 나이가 들면 사정이 좀 나아질까? 결혼을 하면 상황은 더 심각해진다. 자신만의 결정으로 쉽게 움직일 수 없기 때문이다. 결혼을 하고 나서는 배우자의 의견도 들어야 하고, 나이가 더 들어서는 반대로 자식의 의견을 따라야 한다.

우리 부모님들은 자식인 우리에게도 잔소리를 많이 하시지만 부모인 할아버지, 할머니에게도 그렇게 잔소리를 많이 하신다. 할아버지, 할머니가 뭔가 하려고 하시면 일단 반대부터 한다. 그러고는 무언가를 결정할 때 꼭 본인들에게 먼저 말을 하라고 잔소리를 하신다. 이와 같이 우리는 평생토록 본인 스스로 판단하고 결정할 수 없는 삶을 살고 있다.

　나도 마찬가지이다. 현재 내가 스스로 판단하고 행동할 수 있는 상황이 매우 제한적이다. 학창 시절에도 나의 의지보다는 부모님과 선생님의 결정에 따르는 경우가 많았다. 사실 그렇게 하는 것이 맞는 줄 알았다. 대학을 입학할 때도 마찬가지였다. 선생님의 권유로 취직이 잘 되는 기계공학과에 원서를 써서 대학교에 입학했는데, 사실 취업을 고려했다기보단 내가 스스로 원하는 학과가 없었기 때문에 선생님과 부모님의 결정에 따를 수밖에 없었다. 그때만 해도 나는 내가 스스로 판단하는 것은 무리가 있다고 생각하고 있었기 때문에 그냥 선생님이 결정해주는 쪽으로 선택하는 것이 옳은 일인 줄 알았다.

　하지만 30대 중반이 된 지금도 내가 결정할 수 있는 일은 제한적이다. 집에 있을 때는 아내님의 결정을 따라야 하고, 회사에 있을 때는 팀장과 임원들의 결정을 따라야 한다. 그러면서 내가 판단하고 생각할 일들은 점점 없어진다. 실제로 휴가를 가기 전 나는 내가 가고 싶은 곳을 정해두고 그곳에 대한 정보를 조사하며 수집한다. 작년

에는 남해안으로 가족여행을 목표로 하고 아내에게 이번 휴가는 남
해안으로 가자고 했지만 아내는 이렇게 대답했다.

"아니, 강원도로 가자."

결국 내 의견은 별 의미도 없이 남해안이 아닌 강원도로 가야
했다. 식당에서 음식을 주문할 때도 마찬가지이다. 아내가 먼저 나에
게 메뉴 선택권을 준다. 그러면 나는 내가 먹고 싶은 메뉴인 탕수육
을 고른다. 하지만 아내는 이렇게 말한다.

"나 탕수육 말고 깐풍기 먹으면 안 돼?"

결국 메뉴는 아내가 원하는 것으로 정해져버린다. 의견을 물어
보기 전에 답은 벌써 정해져 있다. 그러면 그냥 깐풍기를 시키면 되
지 왜 나의 의견을 물어보는 것일까? 그래도 예의상 나의 의견을 물
어봐주는 것 자체가 감사할 따름이다. 아무튼 이렇게 내 의견은 저
멀리 사라져버린다. 지금은 아내가 물어봐도 그냥 마음대로 주문하

라고 말한다. 어차피 내 의견을 말해봐야 별 의미가 없다는 것을 알기 때문이다. 이렇게 스스로의 판단력은 흐려지고, 이제는 무언가를 결정하는 데 부담을 많이 느낀다.

진로와 같이 자신이 원하는 것을 결정할 때도 마찬가지이다. 이것이 정말 내가 원하는 것인지, 하고 싶어 하는 것인지, 아니면 남들이 좋다고 해서 내가 좋아하는 것이라고 착각하고 있는 것인지 헷갈리는 경우가 많이 있다. 이렇게 자신의 판단력은 흐려지고 본인의 정체성을 잃어간다.

본인이 원한다고 생각했던 것들이 내가 정말로 원하는 것인지 확인하기 위해서는 자기 자신과 만나는 시간이 절대적으로 필요하다. 자기 자신과 대화하는 시간을 가져야 한다. 누구의 아들, 누구의 제자, 누구의 남편, 누구의 아내가 아닌 온전한 나 자신이 내는 목소리에 귀를 기울여서 진짜 내가 누구인지 알아야 한다.

하지만 최근 현대인들은 혼자만의 시간이 매우 부족하다. 집에 들어오면 부모님이 계시고, 밖에서는 친구 또는 다른 누군가와 함께한다. 혼자 있다고 해서 혼자 있는 것이 아니다. 혼자 있는 시간에도 실제로는 TV, 컴퓨터 또는 스마트폰과 함께 생활한다. 그런 식으로 오롯이 자기 자신과 함께하는 시간이 절대적으로 부족하다.

　나 자신과 마주해야 나라는 사람의 내면의 소리를 들을 수 있다. 남들이 하는 말은 그렇게 잘 들으면서 자신이 진정으로 하는 말은 듣고자 하지도 않고 실제로 들을 시간조차 만들지 않는다. 매일 자신을 들여다보기가 어렵다면 일주일에 한 번, 한 달에 한 번이라도 자기 자신을 만나는 시간을 가지는 것이 필요하다. 그러면서 자기 내면에서 외치는 소리에 귀를 기울여보자.

　그렇다면 자기 자신을 만나기 위해서는 어떻게 해야 할까? 나를 만나는 방법은 생각보다 어렵지 않다. 주위 사람들과 잠시 연락을 끊고 혼자 멀리 여행을 가는 방법이 좋겠지만, 그렇게 할 수 없다면 잠시 시간을 내어서 동네 뒷산이라도 올라가자. 산의 맑은 공기를 마시면서 나에 대해 돌아보는 시간을 가질 수 있다. 사우나도 좋은 방법이다. 모두가 자고 있을 새벽녘, 아침 일찍 일어나 맑은 정신으로 동네 사우나를 가보면, 그곳에 나를 방해할 사람은 없다. 조용한 분위기에서 따뜻한 물속에 들어가면 온전한 나만의 세상을 느낄 수 있다. 천천히 나의 호흡을 느끼면서 자신과 대화를 해보자. 그동안 내가 했었던 일을 상기하고 그 당시 내가 했었던 행동을 제3자 입장에서 되돌아본다. 그러면서 나에게 수고했다고 격려도 해주고, 잘못한 것은 잘못한 것이라고 질책도 한다. 앞으로 무엇을 어떻게 해야 하는지 고민 상담도 하고, 이렇게 해보라고 스스로에게 조언도 해준다. 복잡했던 머릿속도 정리하고 새롭게 무언가를 다짐하기도 한다. 나 역시 머리가 복잡할 때 가까운 산을 등산하거나 사우나를 간다. 내 인생에 있어서 절대적으로 중요한 부분이다.

내가 가장 귀를 기울여야 할 상대는 자신의 부모님도, 선생님도, 이성 친구도 아닌 바로 자기 자신이다. 자신과의 대화를 통해 내면의 목소리를 들어보자. 처음에는 어색할 수 있지만 자신과 만나고 대화하는 시간을 가지면서 자신을 알아간다. 그러면서 본인이 진정으로 원하는 것이 무엇인지, 진정으로 하고 싶은 것이 어떤 것인지 찾을 수 있다.

다른 사람에게
내 장단점 물어보기

나는 나를 가장 잘 안다고 생각하지만 사실 실제로는 자신의 모습을 잘 알지 못한다. 나 자신보다 다른 사람이 나에 대해 더 잘 알 수도 있다. 어떤 사람에 대해 이야기하라면 그 사람의 장점부터 아쉬운 점까지 다 말하지만 나 자신에 대해서는 말하기가 쉽지 않다. 나는 나 자신을 지켜볼 수 없기 때문이다. 하지만 항상 나를 지켜봐온 주변 사람들은 나에 대해서 누구보다 더 잘 알고 있을 것이다. 주위 사람들에게 나의 장점과 단점, 나의 성격에 대해 물어보면 분명히 내가 캐치하지 못하던 것을 들어볼 수 있다.

물론 본인이 생각하던 것과 다른 대답을 듣게 될 수도 있다. 본인이 생각하고 있는 자신의 모습이 정답일 수 있겠지만, 여러 명이 나에 대해서 다르게 이야기한다면 내가 나의 모습을 정확하게 보지 못하고 왜곡해서 보고 있었을 가능성도 있는 것이다.

90년대 미국의 농구 천재 마이클 조던을 잘 알 것이다. 점프력이 워낙 뛰어나서 에어조던이라는 별명을 가지면서 지구상 최고의 농구선수로 평가된 사람이다. 그런 그가 농구를 하다 갑자기 야구선수로 전향한다. 주변의 만류에도 불구하고 야구선수를 시작했지만 본인의 생각과는 다르게 별 성과를 거두지 못하고 다시 농구코트로로 복귀한다. 그러고는 자신의 소속팀인 시카고 컵스를 우승으로 이끈다.

우리나라에도 비슷한 사례가 있다. 예능 대부라고 불리는 개그맨 이경규 씨다. 그는 개그맨들의 대선배이자 예능계의 대부이다. 90년대 몰래카메라라는 프로그램으로 전성기를 맞이하다가 갑자기 영화감독이 된다. 주변 사람들 모두 이경규와 영화는 어울리지 않는다며 개그맨의 모습으로 있어주길 더 원했지만 그는 어릴 적부터 가지고 있었던 영화감독에 대한 꿈을 이뤄보려고 몇 편의 영화를 제작한다. 결국 영화는 좋은 결과를 얻지 못하고 실패한다.

또 하나의 사례로 백신의 아버지라고 불리는 사람이 있다. 바로 안철수이다. 그는 서울대 의대를 졸업하고 의사생활을 하다가 컴퓨터 바이러스에 대한 의구심을 가지고 컴퓨터 바이러스도 치료할 수 있을 것 같다는 생각에 바이러스를 치료하고 예방하는 백신을 개발한다. 그리고 '안랩'이라는 백신회사를 설립하고 자신이 만든 컴퓨터 바이러스 백신을 사람들에게 무료로 나눠주기 시작한다. 그 당시만 해도 안철수라고 하면 컴퓨터 백신의 아버지, 천재 기업인 등의 이미지가 떠올랐다. 그렇게 승승장구하던 그가 갑자기 정치계 입문을 선언한다. 주변 사람들과 대중들은 모두 그를 말렸다. 하지만 그는 정치에 입문하여 국회의원이 되고 대통령 선거에 출마한다. 하지만 결과는 우리 모두가 알고 있듯이 그렇게 좋지만은 않다. 지금까지 쌓았던 이미지와 명성에 크나큰 타격을 입는다. 요즘 안철수라는 사람을 말하면 실패한 정치인이라는 이미지가 그려진다.

이렇듯 자신이 정말 원하고 좋아하는 것을 꾸준히 해서 큰 성공을 거둘 수도 있지만 욕심이 과하면 좋지 않은 결과를 가져올 수 있다. 또한 아무리 좋아해도 그것이 나와 어울리지 않는 경우가 있을 수 있다. 세상 모든 사람들이 다 아는데 자기 자신만 그것을 모른다. 그러나 다른 사람의 의견에 귀 기울여보면 내가 잘 알지 못했던 나의 장점을 찾을 수 있다. 다른 사람들 모두가 나에게 바라고 기대하는 그런 장점이 분명히 있다.

우리는 마이클 조던이 계속 농구선수로 활동하면서 멋진 모습을 보여주기를 희망했었고, 이경규 아저씨는 예능 대부로 남아있으면서 우리에게 웃음을 주었으면 하는 바람이 있었다. 그리고 안철수 아저씨 역시 천재적인 사업을 계속해서 사회발전에 공헌해주었으면 하는 바람이 있었다. 이렇게 사람들은 누군가에게 기대하는 모습이 있었다. 그리고 바라지 않는 모습 또한 있을 수 있다. 내가 선택할 수 있는 선택지 중에서 굳이 아무도 바라지 않는 것을 선택할 필요는 없다.

우리 주변을 돌아봐도 마찬가지다. 전체 조회시간, 교장선생님은 항상 단상에 서서 일장연설을 하신다. 본인은 학생들이 자신의 이야기를 마음 깊이 새겨들으면서 감동할 거라고 생각하겠지만 그것은 교장선생님 본인만의 착각이다. 누구도 교장선생님의 이야기를 들으면서 감동을 하지 않는다. 아니, 교장선생님 말씀을 듣고 있는 사람은 아무도 없다. 모두가 짧게 하기를 바라고 있을 뿐인데 교장선생님만 그것을 모르고 끝이 없는 연설을 하고 있는 것이다.

이렇게 우리는 자신에 대해 잘 모르지만 특히 단점에 대해 정확히 알고 있는 경우가 더욱 드물다. 하지만 나의 장점보다 단점을 알아야 그것을 장점으로 승화시킬 수 있다. 자신의 장점과 단점을 정확히 알면 단점을 장점으로 승화시킬 수 있고, 자신이 훨씬 잘하는 것에 더 집중할 수 있다. 그러니 나에 대해 착각하고 있지 말고 다른 사람에게 한번 물어보자. 나의 장점이 무엇인지, 또 나의 단점이 무엇인지, 내가 어떤 성향을 가진 사람인지. 그렇게 물어보면 분명 내가 알지 못하는 나의 모습을 들을 때가 있다.

물론 그중에 좋지 않은 이야기도 있을 수 있다. 하지만 그것을 듣고 기분 나빠 하기보다는 객관적으로 듣고 받아들일 필요가 있다. 대부분의 사람들은 장점을 위주로 말해주지만 단점을 말할 때에도 그것을 온전히 받아들일 필요가 있다. 내가 마음에 들지 않는 이야기를 한다고 해서 화를 내거나 짜증을 낸다면 그것은 아무런 의미가 없게 된다. 그래서 어떠한 이야기든 들을 마음의 준비가 되어 있을 때 질문해야 한다.

나도 가끔 주변 사람들에게 나에 대해서 물어본다. 그러면 좋은 말보다는 안 좋은 이야기를 더 많이 듣게 되는 경우도 있다. 하지만 그것을 듣고 다시 한 번 나를 돌아보는 계기가 된다. 하루는 어떤 후배에게 내가 뭘 잘하는지 물었더니 그 후배는 내가 말을 잘한다고 대답했다. 전문 강사 같은 것을 해도 잘할 것 같다는 말을 덧붙였는데, 그래서인지 나는 지금 강사 직업을 병행하고 있다.

또 다른 사람에게 나의 단점을 물어보았다. 그러니 가끔 직설적인 화법으로 돌직구를 날려서 마음의 상처를 입을 때가 있다고 했다. 나는 전혀 알지 못했지만 이후 몇 명의 사람들이 같은 이야기를 하는 걸 보곤 앞으로 말을 조심해야겠구나 다짐할 수 있었다.

이렇게 다른 사람들을 통해서 나를 돌아보는 시간이 필요하다. 내가 생각하는 것과 다른 사람들이 생각하는 것이 전혀 다를 수 있다. 물론 내가 생각하는 것도 중요하겠지만 다른 사람들이 바라는 나의 모습이 있으며 그 사람들의 의견을 참고할 필요도 있다. 그런 과정에서 내가 정말 알지 못했던 나의 모습을 마주할 수 있기 때문이다. 그러니 모두 수용하겠다는 마음의 준비를 하고 용기를 내어서 나의 장단점을 주변 사람에게 물어보자. 그리고 그 사람들이 이야기하는 것을 온전히 받아들여보자. 그러면 자신이 진정으로 원하는 것이 보이기 시작할 것이다.

어린 시절의 꿈
돌이켜보기

유치원 시절 또는 초등학교 시절, 우리는 모두 꿈이 있었다. 나는 로봇 만화를 보면서 로봇과학자가 되는 것이 꿈이었다. 철인 28호나 로봇 태권브이와 같은 로봇을 만들어서 세상을 구하고 싶었다. 이처럼 허무맹랑한 경우도 있지만 대부분의 어린이들은 본인 나름대로의 꿈을 가지고 있다.

"나는 아픈 사람들을 치료해주는 의사가 될 거야."
"나는 대통령이 되어서 세계 평화에 이바지할 거야."
"나는 과학자가 되어서 하늘을 날아다니는 자동차를 만들어 세계 여행을 할 거야."

이처럼 구체적인 꿈과 더불어 그 꿈에 대한 이유까지 분명했다.

그러나 사춘기를 맞이하고 중학교에 들어오면서 각기 다른 아이들을 똑같은 공간 속에서 똑같은 기준을 가지고 똑같이 평가한다. 그렇게 개개인의 개성은 무시되고 어릴 적 꾸었던 자신만의 소중한 꿈들은 사라져간다. 그렇게 사춘기와 중2병을 거치면서 사회에 대한 부정적인 시각이 생기고 세상 모든 일에 대한 의욕이 없어진다. 고등학교에 입학하면서부터는 내가 어릴 적 어떤 꿈을 가졌었는지 까맣게 잊어버린다. 단지 대학교 입시 또는 취업에 올인하게 된다. 심지어 그것마저 스스로 선택하지 못하고, 부모님과 선생님이 지정해주는 대로 선택하고 준비하게 된다. 자신의 꿈은 무시한 채 부모님과 선생님은 이렇게 말한다.

"적성은 무슨, 무조건 SKY는 가야 해. 어차피 한국사회에서는 어쩔 수 없어."

"공무원 준비하자. 요즘은 공무원이 최고야."

"조금만 더 하면 의대나 법대에 갈 수 있어. 너는 충분히 할 수 있어."

대학교에 가고 사회에 나와서는 더더욱 꿈을 생각할 겨를이 없다. 대학생이 되고 처음 1, 2학년 때는 잠시나마 주어진 눈앞의 자유와 인생을 즐기는 데 모든 역량을 집중한다. 그러나 3, 4학년이 되어서는 취업과 자격증 준비, 공무원 시험 자체가 삶의 목표가 되어버린다. 어렵사리 취업하고 나서도 마찬가지다. 회사와 사회 속에서 살아남기 위해 발버둥 치면서 꿈은 잊고 살아간다.

나 역시 마찬가지였다. 초등학교 저학년 시절에는 막연히 우주과학자가 되고 싶었다. 장래희망 그림에는 항상 우주에 떠 있는 우주선과 우주복을 입고 있는 내 모습이 그려져 있었다. 그러다 초등학교 고학년이 되어서는 자동차 디자이너가 되고 싶었다. 그 시절 나는 자동차 잡지를 정기 구독했고, 시중에 출시되는 거의 모든 자동차 모형과 프라모델을 수집했다. 그리고 자동차 외형을 연습장에 직접 그리면서 자동차 디자이너의 꿈을 키워갔다. 그만큼 자동차를 좋아했고, 그에 대한 구체적인 꿈도 있었고, 그 꿈을 위해 작지만 나름대로 노력도 하고 있었다. 지금 돌이켜보면 나 스스로가 정말 대단했었다는 생각을 한다.

그러나 나 역시 중학교에 입학하고 현실과 마주하게 되면서 소중한 꿈은 점점 멀어져갔고, 고등학교에 입학하면서 완전히 사라져버렸다. 고등학생이 되고서는 대학에 진학하는 것 자체가 목표가 되었다. 그나마 1학년 때까지는 희망하는 학과가 있었다. 나는 치의예과에 가서 치과의사가 되고 싶었다. 치과의사가 정말 되고 싶어서 희망한 것이 아니라, 문과생이라면 법대, 이과생이라면 의대라는 공식이 자리 잡고 있었고 그렇게 교육받아왔기 때문이었다. 하지만 2학년에 와서는 희망 학과가 사라졌다. 학과와 상관없이 서울에 있는 대학에 입학하는 것이 목표였다. 3학년에 와서는 현실을 완전히 받아들이고 4년제 대학교에 입학하는 것 자체가 목표가 되어버렸다.

지금 생각해보면 정말 아쉽고 안타깝다. 초등학생 때부터 자동차 디자이너라는 직업을 가지고 싶어 하면서, 연습장에 자동차를 직접 디자인한 사람이 얼마나 될까 하는 생각이 든다. 과연 세계적으로 유명한 디자이너들도 그렇게 어린 시절부터 직접 자동차를 디자인했을까? 내가 계속 꿈을 키워나갔다면 그들보다 더 뛰어난 디자이너가 되지 않았을까 하는 생각도 든다.

현재 자기가 무엇을 좋아하는지 모르겠으면, 어린 시절로 돌아가보자. 초심으로 돌아가서 내가 초등학교 때 무엇을 좋아했는지, 무엇이 되고 싶었는지 되새겨봄으로써 자신의 꿈을 찾을 수도 있다. 그리고 현재의 자신을 관찰해보자. 어떤 취미를 가지고 있는지, 어떤 장르의 영화나 음악을 좋아하는지, 어떤 성향, 어떤 스타일의 사람을 좋아하는지, 인터넷과 SNS에서 어떤 키워드를 가장 많이 검색하는지 등 현재 나의 성향과 라이프스타일을 관찰함으로써 내가 좋아하는 것이 무엇인지 찾을 수 있다.

〈정낭자의 빵생빵사〉의 저자 정은진 작가는 본인이 어렸을 때부터 지금까지 빵을 엄청 좋아해왔다는 사실을 알았다. 그래서 동네 빵집 이곳저곳을 돌아다니면서 자신이 좋아하는 빵을 직접 먹어보았다. 그리고 자신이 느낀 여러 가지 빵과 빵집에 대한 이야기를 블로그를 통해 소개하였다. 그 결과 3년 연속 파워블로그로 선정되었는데, 블로그에서 소개한 내용을 모아 한 권의 책으로 편찬한 것이 바로 〈정낭자의 빵생빵사〉라는 책이다. 이 책에는 정낭자가 직접 만든 지하철 빵지도가 부록으로 들어 있는데, 지하철역 주변 빵집을 소개하고 있다. 정말 어릴 적부터 좋아하는 일을 찾아 그 분야에 전문성을 갖게 되었다.

우리도 과거, 현재 자신의 모습과 습관을 관찰하면서 자신이 좋아했었던, 관심 있었던 것이 무엇이었는지 한번 되새겨보자. 그리고 아직도 그것을 좋아하는지, 그것을 생각하면 가슴이 설레는지 다시 한 번 나를 돌아보자. 분명히 무언가에 관심을 가지고 좋아했던 순간이 있었을 것이다. 그때의 순수했던 추억을 다시 한 번 꺼내어 내 것으로 만들어보자. 그러면 아마도 까맣게 잊고 있었던 나의 소중한 꿈을 찾을 수 있지 않을까 생각한다.

버킷리스트
작성해보기

자기가 좋아하는 일을 찾는 또 다른 방법은 하고 싶은 일과 하기 싫은 일을 작성해보는 것이다. 자기가 하고 싶은 일의 목록을 종이에 적는 것을 우리는 흔히 버킷리스트라고 한다. 죽기 전에 꼭 해보고 싶은 것들을 적어보자. 어떠한 것도 상관없다. 그저 내가 하고 싶은 것에 어떤 것들이 있는지 아니면 되고 싶은 것이 있는지 생각나는 대로 써보는 것이다. 1달 뒤에 자신이 세상을 떠나야 한다고 가정하고 당장 죽기 전에 꼭 해야 할 것들, 하고 싶은 것을 적어보자.

'최신형 휴대폰 갖기', '이성 친구 사귀기' 등 사소한 일부터 '세계 정복', '우주 정복'처럼 말도 안 되는 것이라고 해도 상관없다. 일단 생각나는 대로 무엇이든 적어보자. 많으면 많을수록 좋다.

종이에 적힌 목록이 실현 가능성 있는지 없는지, 자신이 할 수 있는 것인지 아닌지도 고려하지 말자. 그것은 나중 문제이다. 옳다,

그르다, 될까? 안 될까? 판단하지 말고 지금 생각나는 순서대로 나열해서 목록을 만들어보자.

이렇게 자기가 하고 싶은 일을 적어보면 그 가운데 자신조차 몰랐던 것들을 발견할 수 있고 자신의 성향을 찾을 수 있다.

'아~ 내가 이런 것을 하고 싶어 하는구나.'

'아~ 내가 이런 것을 좋아했구나.'

'아~ 내가 이런 성향을 가지고 있구나.'

이처럼 스스로 작성한 버킷리스트를 보면서 생각을 정리하고 그간 소홀하게 여겼던 자신의 꿈이나 인생에서 추구하는 목적에 대해 다시 확인할 수 있다.

나도 시간이 날 때마다 평소 하고 싶은 것을 개인 노트에 쓴다. 노트를 볼 때마다 느끼는 것이지만, 아직 하고 싶은 것이 너무 많다. 이것만 보더라도 나에 대해서 한 가지 알 수 있는 것이 있다. 리스트 내용을 상세히 보지 않고 리스트가 가득 차 있는 것만 봐도 나는 욕심이 많은 사람이라는 것을 알 수 있다. 현재 노트에 적혀 있는 것이 많이 있지만, 그중 몇 가지만 소개하고자 한다. 작성한 아래 리스트를 보면 내가 무엇을 좋아하는지, 어떤 것을 선호하는지 확인해볼 수 있다.

- 자동차 수집하기

- 카센터 창업·운영하기

- 바다가 내려다보이는 집에서 살기

- 해외시장을 상대로 장사하기

- 외국의 다양한 장소에서 살아보기

- 방송 출연하기

- 연예인 친구 사귀기

- 나이 들어서도 몸매 유지하기(건강하기)

- 대학에서 강의하기

- 봉사단체 설립하기

몇 개 되지는 않지만 이렇게 내가 직접 적은 버킷리스트를 보면 내 관심 분야가 무엇인지 확인할 수 있다. 그럼 내가 쓴 목록을 보면서 어떤 식으로 자신을 파악할 수 있는지 알아보자.

나는 가장 먼저 '자동차 수집하기'와 '카센터 창업·운영하기'를 적었다. 여기서 얼마나 내가 자동차에 관심이 있고 열정이 있는지 알 수 있다. 어렸을 때부터 지금까지 자동차를 좋아하고 있다. 그렇게 자동차를 좋아하기 때문에 내 자동차는 내가 직접 수리하고 싶다는 마음도 드러난다.

이어서 '바다가 내려다보이는 집에서 살기'를 보면 복잡한 것보다 편안하고 여유로운 삶을 추구한다는 것도 알 수 있다.

다음으로 '해외시장을 상대로 장사하기'와 '외국의 다양한 장소에서 살아보기'가 보인다. 이는 기존의 틀에서 벗어나 보다 넓은 세계를 향하고자 하는 마음가짐으로, 낯선 것에 대한 도전정신과 새로운 것을 추구하는 자유로운 나의 성격을 엿볼 수 있다.

다음으로 '방송 출연하기', '연예인 친구 사귀기'를 보면 다른 사람들에게 자신을 표현하고 싶어 하는 욕구를 가지고 있는 것 같다. 유명한 사람들과 관계를 맺고 싶어 하고, 인지도에 대한 욕구 또한 존재한다. 나는 제법 외향적인 사람임을 알 수 있다.

'나이 들어서도 몸매 유지하기'를 보면서 외모를 중요시한다는 것과 함께 자기관리에 노력을 기울이고 있으며 현재의 내 모습에 어느 정도 만족감을 얻고 있음을 알 수 있다. 마지막 '대학에서 강의하기', '봉사단체 설립하기'와 같이 내가 가진 것을 다른 사람에게 전달해줌으로써 다른 사람들을 돕고 싶은 마음도 있다는 것을 확인할 수 있다.

10개뿐인 문장이었지만, 나에 대한 많은 정보를 찾아낼 수 있었다. 이처럼 버킷리스트 작성을 통해 본인의 성향이나 선호도에 대해 좀 더 객관적으로 알아볼 수 있다.

그럼 이번에는 내가 가지고 있는 나의 모습 중에 마음에 들지 않는 부분이나 단점, 즉 본인의 콤플렉스를 한번 적어보자. 콤플렉스가 있다는 것은 그만큼 그 콤플렉스에 대해 관심이 있으며 고치고 싶은 마음이 있다는 증거이다. 관심이 없다면 콤플렉스도 생기지 않는다. 만약 외모에 콤플렉스가 있다면, 외모에 관심이 있기 때문에 좀 더 멋진 외모를 가지고 싶어 하는 것이다.

나 역시 콤플렉스가 하나 있는데, 바로 영어이다. 현대사회에서 영어는 선택이 아닌 필수가 되어버렸다. 회사 업무를 하면서도 외국 바이어나 슈퍼바이저와 만나서 서로의 비즈니스에 대해 이야기할 상황이 많다. 또한 해외 출장이나 여행을 가는 경우도 있어서 영어는 필수적으로 해야 하는 요소가 되었다. 꼭 업무적인 만남이 아니더라도 요즘은 일상에서 외국인들을 만나 이야기할 기회가 점점 늘어나고 있다. 물론 개인에 따라 영어를 사용하는 기회가 많지 않을 수 있지만, 필요할 때마다 통역을 부를 수도 없고 번번이 번역 어플을 쓰는 일도 번거롭다. 번역 어플이 온전하게 통역 기능을 수행한다고 보기도 어렵고 말이다.

여기서 내가 적은 버킷 리스트를 다시 한 번 보자. '해외를 상대로 장사하기'와 '외국의 다양한 장소에서 살아보기'가 보인다. 당장 내가 원하는 것을 만족하기 위해서도 영어는 필수적이다. 하지만 나는 영어에 자신이 없다. 사실 어렸을 적부터 책을 거의 읽지 않았던 나는 약간의 주의결핍과 난독증이 있어서 만화책조차 지속적으로 읽기가 쉽지 않았다. 지금은 많이 나아져서 책을 읽기도 하고 지금처럼 책을 쓰기도 하지만 여전히 1시간 이상 책을 읽기란 너무 힘든 일이다.

한글도 이렇게 읽기 어려운데 영어는 오죽할까? 학창 시절엔 영어책에 쓰인 영어 문장을 보는 것 자체가 고문이었다. 정말 하나도 눈에 들어오지 않았다. 그래서 학창 시절 국어와 영어 과목의 점수는 하위권을 맴돌았다. 국어는 그래도 모국어이니 자유롭게 구사할 수 있지만, 영어는 경우가 많이 달랐다. 영어를 잘하지 못하는 것을 지금까지 나의 콤플렉스로 여겨오며 살았다. 영어의 필요성은 절감하지만 내 마음대로 되지 않기 때문에 콤플렉스가 되어버린 것이다. 영어에 관심이 없다면 내가 영어를 잘하든 말든 전혀 신경 쓰지 않았을 것이고 절대 나의 콤플렉스가 되지 않았을 것이다.

그렇게 영어를 잘하고 싶었던 나는 내가 가장 어려워했던 문법이나 독해를 과감히 포기하고 듣기와 말하기 위주로 영어 공부를 시작했다. 그 결과 외국인과 유창하게 대화를 할 정도의 수준은 안 되어도 해외여행을 가서 만나는 외국인들과 일상적인 대화는 할 수 있을 정도의 실력을 갖추게 되었다. 이런 나의 경험을 살려서 나처럼 영어를 못하는 사람도 쉽게 영어공부를 할 수 있는 영어공부법을 만들어볼까도 생각 중이다.

이처럼 자신의 콤플렉스를 통해서도 관심사를 확인할 수 있다. 그럼 이번에는 완전히 반대로 자기가 하기 싫은 것과 절대로 되고 싶지 않은 나의 모습에 대해 적어보자. 인생을 살면서 '내가 이것만은 하지 않겠다'라고 다짐한 것이나 정말 자기가 싫어하는 것들을 써보자.

자기가 싫어하는 것을 정리해놓지 않으면, 나중에 본인이 정말 싫어하는 것을 제 손으로 선택하는 오류를 범하게 된다. 그게 만약 직업이라면 자신이 그토록 싫어하던 일이 자신의 평생을 책임질 업이 되어버릴 수 있다. 그러면서 자신의 선택을 후회만 하게 된다. 이런 어리석은 일을 예방하기 위해서라도 본인이 싫어하는 것을 정리해둘 필요가 있다.

자기가 하고 싶은 것, 하기 싫은 것, 그리고 콤플렉스 등을 적고 정리하면 본인에 대해 좀 더 자세히 알아갈 수 있다. 또한 앞으로 자신의 삶에서 마주하게 되는 선택이나 진로, 직업 등 어떤 선택이나 중요한 결정을 할 때 본인의 선택에 대한 기준점이나 가이드라인으로 작용되어 후회 없는 선택을 할 수 있도록 도움을 줄 것이다.

지금 내가 적어놓은 열 가지 버킷리스트 목록을 다시 보고 그것에 대해 생각하니까 가슴이 설레기 시작한다. 아주 작고 사소한 일이라도 자신이 하고 싶은 것을 하나씩 적어보길 바란다. 그러면 자신의 새로운 모습을 마주하면서 자신에 대한 이해도가 훨씬 깊어지게 될 것이다. 또 그것은 자기를 훨씬 더 성숙하게 만드는 힘으로 작용하게 될 것이다.

성공도
습관이다

성공을 하기 위한 공식을 다시 한 번 말하자면 가장 먼저 어떤 대상에 대한 성공을 바라는 것이다. 그 다음 할 수 있다는 강한 믿음이 있어야 하고, 마지막으로 그 믿음을 간직한 채 될 때까지 실행하는 것이다. 이 세 조건만 갖춰진다면 원하는 것을 이룰 수 있다. 하지만 그것은 말처럼 쉽지가 않다. 그래서 우리는 성공하는 요령을 익혀야 한다. 즉, 성공도 성공을 해본 사람이 잘하게 되어 있다.

우리가 게임을 하거나 운동을 할 때도 마찬가지이다. 예를 들어 다음 달에 시에서 실시하는 배드민턴 시합을 앞두고 있다고 가정해 보자. 과연 어떤 사람이 시합에서 좋은 성적을 거두게 될까? 배드민턴 실력이 좋으며 당일 그 실력을 최대한 발휘하는 사람이 시합에서 우승을 할 수 있다. 그렇다면 실력이 좋은 사람들과 실전에서 자신의 실력을 100% 발휘하는 사람들은 어떤 사람들일까? 바로 꾸준한 훈련을 통해 본인의 실력을 쌓고, 많은 시합 경험을 통해 실전 감각을 익힌 사람들이다. 'Practice makes perfect'라는 말이 있다. 꾸준한 연습이 완벽함을 만든다는 말이다. 그만큼 무언가를 하는 데 있어 연습이 중요하다는 말이다. 아무런 연습이나 노력 없이 성취할 수 있는 것은 없다.

무언가를 성공하고 성취를 이루는 과정 역시 시합을 준비할 때와 마찬가지로 꾸준한 연습이 필요하다. 고기도 먹어본 사람이 먹는다고, 고기를 먹어보지 못한 사람이 미디움 레어로 요리한 스테이크를 본다면, 그것은 빨간 피가 흐르는 짐승의 살점 덩어리에 불과하다. 그것을 보고 입속에 넣는 걸 상상하기가 쉽지 않다. 하지만 한번 고기를 먹어보면 그 맛을 알기 때문에 다음에는 그 고기를 스스로 찾아서 먹는다.

성공도 이와 마찬가지다. 성공을 해본 사람만이 성공할 수 있다. 성공을 많이 경험해본 사람이 성공할 확률이 더 높다. 성공의 공식에 대입해서 성공하지 못하는 것이 없다. 다만 중간에 그 성공의 조건을 만족시키지 못해서 중간에 의심하고, 행하는 것을 포기하기 때문에 내가 원하는 것은 나에게서 멀어지게 된다. 하지만 꾸준한 연습을 통해서 내가 원하는 것을 얻는 방법을 반복적으로 경험한다면, 우리는 내가 원하는 것이 그 어떠한 것이든 상관없이 그것을 얻을 수 있게 된다.

나는 꿈드림센터라는 기관에서 학교 밖 청소년들에게 진로 멘토링을 진행하고 있다. 원래는 청소년들의 학업지도와 진로상담, 진로코칭을 진행하고 있었는데, 어느 날 지게차 운전기능사 자격증 과정을 추가로 지도해줄 수 없냐는 부탁을 받았다. 지게차 자격증을 취득하고 싶어 하는 학생이 있다는 것이다. 대학교에서 공학을 전공했고, 지게차 운전기능사 자격증을 취득했었기 때문에 나는 흔쾌히 알겠다고 수락했다. 하지만 한편으론 과연 센터 청소년들이 자격증을 취득할 수 있을지 걱정이 되었다. 사실 공업고등학교를 졸업한 친구들에게도 지게차 운전기능사 필기시험은 대단히 난이도가 높다. 학교를 다니고 있지 않은 청소년들을 대상으로 지게차 운전기능사 시험을 준비시키는 것은 여간 어려운 일이 아닐 것이다. 그래서 지게차 자격증 첫 수업날 친구들에게 물어보았다.

"너희들 도대체 지게차 자격증은 따서 뭐하려고 하니?"

그러니 한 친구가 대답했다.

"나중에 혹시 써먹을 수 있을지도 모르잖아요."

나는 정말 관련 업종의 일을 하고 싶어서 자격증을 준비하는지 알았다. 하지만 그냥 필요가 있을지도 모르니 준비한다는 것이다. 꿈 드림센터에서는 학교 밖 청소년들에게 다양한 자격증 취득을 지원하고 있다. 실제로 누군가는 정말 그 자격증과 관련된 일을 하고 싶어서 자격증 공부를 하지만 대부분의 친구들이 그냥 선생님이 하라고 하니까 자격증 준비를 하고, 누군가는 혹시 나중에 쓸지도 몰라 자격증 준비를 한다. 하지만 내가 보기엔 그냥 막연하게 해두면 좋겠지 생각해서 준비하는 자격증이 모두 그렇게 특별한 자격증처럼 보이지도 않고, 나중에 쓸 일이 그리 많지 않아 보인다. 그럼에도 불구하고 그 친구들에게 여러 자격증 준비를 시키고 있다.

사실 처음에는 별 의미가 없는 것이 아닐까 생각했었다. 하지만 지금 다시 생각해보니 그 청소년들이 자격증을 준비하고 공부하는 목적은 그 자격증에 대한 전문성을 가지는 것이 다가 아니다. 바로 그 친구들에게 무언가를 준비하게 하고 또 그 준비에 대한 결과물을 만드는 과정을 경험하게 해주기 위해서이다. 내가 알지 못했던 낯선 것이라도 관심을 가지고 공부하면 자격증이라는 결과물을 얻을 수 있게 된다.

사실 준비하는 자격증 자체는 있어도 그만 없어도 그만인 것이 많이 있다. 물론 내가 지도한 지게차 운전기능사는 일반적으로 매우 높은 수준의 자격증이긴 하지만, 그리 높은 수준을 요하지 않는 자격증도 많이 존재한다. 그렇기 때문에 자격증 준비를 하는 것 자체가 전문성을 가지기 위해 준비를 한다기보다는 내가 알지 못하는 새로운 것을 시도하고 그것에 대한 결과물을 얻어봤다는 경험을 하게 하는 것에 의미가 있는 일이었다. 자격증 취득이라는 성공의 경험을 체험하고 맛보게 하기 위해서 자격증 준비를 한다. 즉, 해보니까 되더라. 라는 경험을 하게끔 하기 위해서 자격증 공부를 하는 것이다. 실제로 많은 학생들이 자격증을 따는 과정을 통해 즐거움을 느끼고 자신감을 가진다. 이것 자체도 하나의 성공 경험인 것이다.

'하니까 되더라.'

이 경험을 많이 해본 사람과 해보지 않는 사람의 차이는 분명 다르다. 어떤 행사에서 선보일 장기자랑을 준비한다고 해보자. 마음 맞는 사람끼리 모여서 노래 연습도 하고 춤 연습도 한다. 가수나 댄서가 되겠다는 거창한 꿈을 가지고 연습에 열중하며 공연을 준비하는 것이 아니다. 서로 연습하고 공연하는 과정을 통해 완성되어가는 모습을 보면서 나도 하니까 되는구나! 라는 것을 경험하기 위해서 한다.

성공 경험이 많다는 것은 성공에 대한 연습을 많이 했다는 것이다. 연습은 실전에 도움이 되듯이 무언가를 목표하고 그것을 얻고자 할 때, 다른 사람보다 훨씬 쉽게 그것을 얻을 수 있게 된다. 작은 성공이라도 다양하게 경험해본 사람은 다양한 성공 경험을 가지게 되는 것이다. 그런 경험들이 쌓이면서 자기만의 노하우가 생기게 되어 있다. 그렇게 작은 성공과 성취감을 반복하게 되면 자신도 모르게 성공에 대한 요령이 생긴다. 그런 요령이 쌓여서 더 큰일도 성공시킬 수 있는 능력이 생기는 것이다.

그래서 우리는 평소 이런 성공의 경험을 많이 쌓아야 한다. 그렇다면 일상생활에서 간단히 할 수 있는 성공 경험엔 어떤 것들이 있을까? 앞에서 언급했던 자격증 준비도 아주 좋은 방법이다. 자신이 평소 관심이 있었던 자격증도 괜찮지만, 자신과 전혀 어울리지 않는 자격증에 도전해서 자격증을 취득해보는 것도 큰 성취감을 맛볼 수 있다. 성취감을 넘어서 다른 사람에게 자신을 어필할 수도 있고, 그로 인해 내 인생이 바뀔 수도 있다.

자격증 취득이 조금 부담스럽다면, 손쉽게 성공을 경험해볼 수 있는 방법이 있다. 바로 퍼즐이다. 100피스짜리 아이들이 맞추는 퍼즐을 말하는 것이 아니다. 우리가 선택해야 하는 퍼즐은 500피스 이상의 퍼즐이다. 처음에는 500피스 정도로 시작해서, 나중엔 1,000피스 이상의 퍼즐을 맞추어보는 것이다.

내가 좋아하는 그림의 퍼즐을 구매해서 한번 도전해보자. 내가 좋아하는 영화의 포스터도 괜찮고 내가 좋아하는 캐릭터가 있는 그림도 괜찮다. 그리고 평소 좋아하는 미술작품도 괜찮다. 무엇이든 상관없다. 내가 마음에 드는 그림의 퍼즐을 구매해서 맞춰보자. 처음에는 별로 어려울 것 같지 않겠지만 쉽지 않다. 실제 퍼즐을 사서 맞추기 시작하면 온갖 유혹들이 퍼즐 맞추는 것을 포기하라고 말한다. 퍼즐 1,000조각이 다 있기는 할까라는 의문도 들고, 퍼즐 조각들이 모두 다 비슷하게 생겨서 도무지 감을 잡을 수 없다. 마음을 다잡고 하나씩 퍼즐을 맞춰가지만 목과 어깨는 아파오고 눈알은 빠질 것 같다. 그렇게 퍼즐을 맞추는 동안 내가 왜 이 짓을 하고 있나 후회도 들고, 몇 번이고 포기하고 싶은 생각이 든다.

하지만 그런 후회와 악마의 유혹을 뿌리치고 조금씩 퍼즐을 맞추다 보면 어느 순간 그림의 한 부분이 완성되기 시작한다. 그렇게 완성되는 그림을 보면서 다시 한 번 마음을 잡고 맞추기 시작한다. 조금씩 이미지가 커지면서 끝이 보이기 시작하고, 마지막 퍼즐을 맞출 때의 희열은 이루 말할 수 없다. 퍼즐을 맞추는 내내 내적 갈등이 있었지만 그것을 이기고 결국 내가 좋아하는 그림을 나 스스로 만들었다. 그 뿌듯함은 경험해보지 않으면 알 수 없다.

그렇게 만든 나만의 소중한 작품을 잘 보이는 곳에 걸어놓고 매일 보면서 그 퍼즐을 완성했을 당시의 감정을 느껴보자. 볼 때마다 뿌듯한 감정을 느낄 수 있다. 나 역시 10년 전에 맞추었던 고흐의 〈아몬드나무〉라는 퍼즐 작품이 아직도 내 방에 걸려 있다. 10년이 지났지만 그 작품을 볼 때면 아직까지 그때의 희열과 성취감을 느낄 수 있다. 가끔 자신감이 떨어졌을 때나 기분이 좋지 않을 때, 내가 맞춘 퍼즐을 보고 있으면 기분이 좋아진다.

퍼즐을 살 돈이 없거나 용기가 나지 않는다면 매일 또는 매주 자신에게 미션을 부여해서 수행하는 성취를 할 수 있다. 자기 자신과 약속을 하는 것이다. 가장 간단하게는 '엄마에게 고맙단 말 듣기'로 시작해서 '오늘 중 10명의 사람들에게 웃음 주기', '친구나 선배에게 간식이나 밥 얻어먹기'등 조금은 무리한 미션까지, 일정 기간 동안 자신에게 한 가지 미션을 부여하고 성공하기로 약속한다. 그리고 그 미션을 성공시키기 위해 다양한 방법으로 노력해본다. 이런 미션들을 세우고 하나씩 성공해내다 보면 성취감과 함께 스스로에 대한 자신감을 키울 수 있다. 그리고 그 과정에서 오는 재미도 함께 맛볼 수 있다. 물론 미션을 항상 성공시킬 순 없다. 그럴 땐 깔끔하게 포기하고 돌아설 줄도 알아야 한다. 성공을 위해서 너무 집착할 필요는 없다. 성공하지 못한다고 해서 괴로워할 필요도 없다. 우리는 아직 성취감을 느낄 수 있는 요소가 너무나도 많이 있다.

성공도 습관이고, 훈련이 필요한 영역이다. 무언가 도전할 수 있는 작은 미션부터 수행하고 그것을 성공시켜보자. 그 과정에서 내가 느꼈던 작은 성취감과 성공 경험이 모여서 언젠가는 분명히 엄청난 능력을 발휘하게 될 것이다.

내가 뭘 좋아하는지
모르겠어요

꿈이 없다는 것, 또는 내가 좋아하는 것이 무엇인지 아직 모른다는 것. 그것은 지극히 당연한 것입니다. 왜냐하면 우리는 경험해보지 못한 것이 너무나도 많기 때문입니다. 사람들은 본인이 직접 경험해보지 않은 일에 대해서는 전혀 알지 못합니다. 고기를 먹어보지 못한 사람은 그 고기의 맛이 어떤지 알지 못합니다.

저는 가끔 특강을 하면서 "제가 무슨 음식이든 사줄 테니까 먹고 싶은 것을 말해보세요"라고 합니다. 그러면 대부분 나오는 음식이 피자, 치킨, 탕수육입니다. 왜 그럴까요? 그런 음식밖에 먹어보지 않아서 그렇습니다. 세상에는 정말 다양한 음식이 있습니다. 1인분에 2~300만 원 하는 스테이크도 있고, 1개에 수백, 수천만 원씩 하는 과일도 있습니다. 하지만 우리는 그런 것들이 있는지 모르니까, 안 먹어봤으니까 항상 피자와 치킨을 말하는 것입니다. 장래희망도 마찬가지입니다. 우리가 알고 있는 직업 중에 그래도 괜찮아 보이는 직업이 바로 교사, 연예인, 운동선수이기 때문에 이 직업들의 수요가 높을 수밖에 없습니다.

최고급 호텔에 있는 뷔페에 갔다고 생각해보도록 합시다. 거기에는 우리가 지금까지 맛보지 못한 새로운 음식들이 즐비해 있습니다. 근데 어떤 음식이 맛있는지, 내 입에 맞는지 그냥 눈으로 봐서는 절대로 알 수 없습니다. 입으로 그 음식을 먹어보아야만 그 음식이 맛이 있는지 없는지, 아니면 나와 맞지 않는 음식인지 알 수 있습니다.

우리의 진로도 마찬가지입니다. 음식을 먹듯이 실제로 경험을 해봐야 알 수 있습니다. 하지만 우리는 불행하게도 남들과 비슷한 학창 시절을 경험하고, 그다지 특별한 경험 없이 남들과 비슷한 삶을 살고 있습니다. 모두가 특별하지 않은 음식만을 먹고 있기 때문에 서로 알려줄 수도 없이 세상에 어떤 새로운 음식이 있는지도 모르고, 그 음식의 맛 또한 모르고 살아가는 것입니다.

이처럼 아직까지 많은 경험이 없는 우리로서는 내가 무엇을 좋아하는지 알지 못하는 것이 너무나도 당연한 일입니다. 다만 지금부터 그것을 찾으면 되는 것입니다. 물론 그 일을 아주 빨리 찾는 운 좋은 사람들도 있겠지만 대부분의 사람들은 그렇게 쉽게 찾지 못합니다. 일단은 가만히 앉아서 고민만 하고 있을 것이 아니라 자신이 할 수 있는 범위 내에서 작은 실천이라도 해보는 것이 중요합니다. 조금은 다양한 도전과 시도가 필요합니다. 그래도 모르겠으면 다른 것을 찾아보고, 많은 사람들에게 물어보고, 배우고, 본인이 경험해보아야 합니다.

자신이 무엇을 좋아하는지도 모르는 것은 나만의 일이 아닙니다. 그러니 조급해하지 말고 자신이 할 수 있는 것부터 하나씩 실천하고 도전하다 보면 어느 순간 흥미롭고 재미난 일이 생기게 되어 있습니다. 앉아서 생각만 하지 말고 뭐라도 합시다!

PART 3

진로탐색, 이제부터 시작

시작을 해야
결과도 있다

우리는 누구나 부자가 되고 싶어 한다. 그것도 별다른 노력 없이 갑자기 큰돈이 생겼으면 좋겠다고 생각한다. 그렇게 큰돈을 가지기 위해 가장 간편한 방법으로 로또를 구매하는 사람들이 많이 있다.

로또, 그 얼마나 가슴 떨리는 이름인가? 우리는 누구나 로또에 당첨되고 싶어 한다. 로또에 당첨되는 상상은 누구나 한번쯤 해보았을 것이다. 나도 마찬가지로 로또에 당첨되는 꿈을 꾸곤 한다. 그러면 좋은 집도 사고, 멋진 차도 사고, 아내 가방도 사주고 하면서 혼자만의 상상에 빠져들곤 한다.

하지만 로또에 대한 부정적인 시각도 만만치 않다. 로또에 당첨될 확률 자체가 워낙 낮다 보니 낙타가 바늘구멍으로 들어갈 확률보다 더 낮다고, 로또로는 절대 이익을 낼 수 없다 말하는 사람도 있다. 설사 로또에 당첨되더라도 행복한 사람보다는 불행한 사람이 더 많다는 결과를 보이며 로또는 사행성이 짙은 상술이라고 정의하면서 로또를 부정한다.

완전히 틀린 말은 아니라고 생각한다. 실제로 많은 사람이 로또를 사지만 1등에 당첨된 사람을 가까이서 본 적이 없다. 나도 몇 번 로또를 구매했고, 당첨도 되어보았다. 물론 1등은 아니고 4~5등 말이다. 한 번도 아니고 몇 번을 4~5등에 당첨이 되었는데, 내 손에 남아 있는 돈은 하나도 없다. 한번 당첨되어봤으니 다음엔 더 좋은 게 나올 것이라며 당첨된 금액만큼 다시 로또를 구매하게 되고, 그 로또는 결국 꽝이라는 결과로 돌아오기 때문이다. 로또를 구매하는 것은 결코 남는 장사가 아니었다.

그렇다면 과연 어떻게 해야 로또에 당첨될 수 있을까? 나는 여기서 로또에 당첨되는 비법을 소개하고자 한다. 누구도 말하지 않은, 누구에게도 말하지 않았던 로또 당첨 비법을 공개할 것이다.

결론부터 말하자면 로또에 당첨되고 싶으면 로또를 사야 한다. 로또에 당첨되고자 하는 생각만으로는 절대 로또에 당첨될 수 없다. 직접 로또를 사야 로또에 당첨될 수 있다. 그렇다. 로또 당첨 비법은 바로 로또를 사는 것이다. 많은 사람들이 로또에 당첨되기를 기대한다. 그러나 정작 로또를 구매하지 않으면서 로또 1등에 당첨되고 그 당첨금으로 원하는 것을 맘껏 누리는 생활을 상상하곤 한다. 로또를 사지 않고 로또에 당첨되기를 바라는 것은 아무것도 먹지 않으면서 배가 부르기를 기대하는 것과 같은 말도 안 되는 이야기이다.

일단 로또에 당첨되고 싶으면 직접 로또 가게에 가야 한다. 매일 꿈에 조상님이 나와서 6자리의 번호를 불러준다고 치자. 하지만 아무리 불러주어도 로또를 사지 않으면 당첨될 확률은 0이 된다. 조상님 입장에서는 얼마나 답답해하실지 생각해보아라. 기껏 생각해서 로또 번호를 그렇게 알려주는데도 그거 하나 못 받아먹느냐고 아주 통곡을 하실 것이 분명하다.

로또 1등에 당첨될 확률은 1/814만이라고 한다. 이것은 욕조에서 넘어져 죽을 확률(1/80만)보다 10배 희박하며, 벼락에 맞아 죽을 확률(1/428만)보다 2배 희박한 확률이다. 매주 한 장씩 로또를 산다고 가정해도 15만 년 이상을 꾸준히 사야 당첨될 확률이라고 한다.

그래도 로또를 사지 않으면 로또에 당첨될 확률은 0이다. 벼락에 맞아 죽을 확률보다 작더라도 0이라는 숫자에 비교하면 1/814만은 무한히 큰 숫자가 된다. 0은 아무런 가능성이 없는 것이고, 1/814만은 미약하게나마 가능성이 있음을 뜻한다. 이것은 엄청난 차이이다.

아무것도 하지 않으면 아무 일도 일어나지 않는다. 로또를 사지 않으면 절대 로또에 당첨될 수 없다. 로또에만 국한되는 이야기일까? 아니다. 세상 모든 일에 적용할 수 있다. 정작 본인은 아무것도 하지 않으면서 무언가가 되기를 바라는 것은 놀부 심보나 마찬가지이다. 아주 작은 것이라도 무언가를 얻기 위해서는 사소한 것이라 할지라도 행동으로 옮겨야 얻을 수 있다.

로또에 당첨되고 싶으면 어느 번호가 잘 당첨되는지, 어떤 사람들이 당첨되는지, 어느 판매점에서 1등이 많이 나왔는지 확인하고 알아보는 노력을 기울여야 한다. 그리고 당첨 확률이 높은 가게에 가서 당첨 확률이 높은 번호로 로또를 구매해야 조금이나마 높은 당첨 확률을 가질 수 있다. 하다못해 배가 고파서 라면이 먹고 싶을 때에도 가만히 누워만 있어서는 라면을 먹을 수 없다. 직접 물을 끓이고 라면을 뜯어 넣어야 먹을 수 있다. 그것도 할 수 없다면 최소한 엄마에게 라면을 끓여달라고 부탁이라도 해야 한다.

아무것도 하지 않으면서 기적이 일어나기를 바라지 말자. 그런 기적은 거의 일어나지 않는다. (가끔 일어나는 경우도 있어서 '거의'

라는 표현을 썼다.) 기적을 바라지 말고 자신이 현 상황에서 할 수 있는 일이 무엇인지 확인하고 지금 당장 할 수 있는 것부터 실행으로 옮겨야 한다. 아는 것이 힘이 아니다. 알고 있는 것만으로는 아무런 힘이 되지 못한다. 아는 것이 힘이 아니라 하는 것이 힘이다.

현대 그룹의 故 정주영 회장도 실천을 매우 강조했었다. 그는 평소 부하 직원에게 늘 이렇게 물었다고 한다.

"해보긴 해봤어?"

— 故 정주영, 현대그룹 창업자 —

가만히 앉아서 해보지도 않고 안 된다고 말하지 말고, 일단 직접 해보고 되는지 안 되는지 판단하라는 왕회장님의 충고이다.

나도 비슷한 경험을 한 적이 있다. 앞에서 언급한바와 같이 나는 어렸을 때부터 책을 읽어본 적이 없다. 그림이 있는 만화책도 예외는 아니었는데, 글씨를 읽고 있지만 내용은 머릿속에 남지 않았다. 그로 인해 학창 시절 국어 시간은 나에게 불안과 공포 그 자체였다. 국어 선생님은 글을 읽어보고 작가의 의도를 잘 파악하라고 하시는

데 읽기 힘든 것도 힘든 거지만 아무리 지문을 읽고 또 읽어봐도 작가가 무엇을 이야기하는지 알 수가 없었다. 그런 내가 지금은 1년에 10권 이상의 책을 읽는다. 많은 양이라고 자랑스레 말할 정도는 아니지만 적어도 우리 어머니가 아시면 깜짝 놀랄 만한 변화이다. 거기에 심지어는 책을 쓰고 있으니 이 얼마나 아이러니한 일인가? 글을 잘 읽지도 못하던 소년이 책과 친해지고 책을 쓰는 것을 과거 어느 누가 상상이나 할 수 있었겠는가?

나도 처음에 책은 특별한 사람들만 쓰는 것으로 생각했다. 하지만 글을 직접 써 버릇하다 보니까 쓸 수 있겠다는 자신감이 점차 생겼다. 물론 쉬운 과정은 아니었지만 내가 생각했던 것보다는 할 만한 일이었다. 시도해보지 않았다면 평생 글이란 나와 전혀 무관한 영역이라 생각한 채 살아갔을 것이다.

의외의 일을 기적처럼 마주하기 위해서는 본인 스스로 직접 해봐야 한다. 아직 학생이나 미성년자의 신분이라면 무언가를 행동하고 실천하는 데 있어서 두려움이 앞서고 제약이 많은 것도 사실이다. 하지만 미성년자임에도 불구하고 강한 추진력으로 자신이 원하는 것을 얻고 마는 사람들이 분명히 존재한다.

앞에서 언급했던 아시아의 별 보아와 육육걸즈 쇼핑몰 대표 박예나가 그렇다. 특히 박예나 대표의 사례를 좀 더 자세히 살펴보자면, 그녀는 중학생의 신분으로 쇼핑몰을 창업해서 지금은 연 매출 720억을 달성하는 쇼핑몰로 성장했다. 박 대표는 어떻게 중학생의 신분으로 쇼핑몰 창업을 하게 되었을까? 그녀는 중학교 3학년 시절 친구와 인터넷 쇼핑몰에 대해 이야기를 하다가, '인터넷 쇼핑몰은 왜 44사이즈나 55사이즈 같은 날씬한 사람들이 입는 옷만 판매할까?' 하는 의문이 들었다고 한다. 자신도 그렇고 주변 친구들을 봐도 66사이즈를 입는 사람들이 훨씬 많은데 말이다. 여자의 옷 사이즈에 대해서 잘 알지는 못하지만 대한민국 20대 여성의 평균 사이즈가 66사이즈라고 한다. 하지만 10년 전만 해도 66사이즈를 팔지 않는 쇼핑몰이 많았다고 한다. 그래서 그녀는 66사이즈 옷을 전문적으로 파는 쇼핑몰을 개설하기로 결심한다. 그러고는 동대문으로 향했다.

하지만 무일푼의 중학생이 동대문에서 새 옷을 구매해서 쇼핑몰을 창업하기란 쉽지가 않았다. 그래서 그녀는 현재 자신의 상황에서 당장 할 수 있는 것이 무엇인지를 찾았다. 자신과 가족들 그리고 친구들이 가지고 있던 옷을 깨끗하게 손질해서 자신의 블로그에 올려서 판매하기 시작한 것이다. 그렇게 한 달에 몇만 원씩 매출을 발생시켜나갔다.

다음 해인 2008년, 본격적으로 육육걸즈라는 인터넷 쇼핑몰을 정식으로 창업할 수 있었다. 고향인 전주와 동대문을 매주 오고 가면서 쇼핑몰을 운영한 결과 10년이 지난 2018년에는 직원 100명이 넘는 회사로 성장했고 720억이라는 매출을 달성하게 된다. 10대 여중생이 블로그로 사업을 시작해 20대 중반에 매출 1000억을 바라보는 기업으로 성장시켜놓았다. 그녀는 자신이 벌어들인 수익의 일부를 매해 사회에 기부하면서 지역 최연소 아너 소사이어티 회원이 된다. 아너 소사이어티는 5년간 1억 이상의 기부를 해야 가입할 수 있는 고액 기부자 단체이다.

박예나 대표의 성공에는 기존 쇼핑몰과 차별화된 전략이 있었다. 66사이즈를 전문으로 하는 쇼핑몰을 만들었다는 것이다. 그런데 생각해보면 66사이즈 전문 쇼핑몰을 만들어야겠다고 생각하는 것은 그렇게 특별한 일이 아니다. 누구나 생각하지만 그 전략을 행동으로 옮기는 사람은 많지 않다. 박예나 대표는 제한된 자신의 상황에서도 직접 행동으로 옮겼다. 직접 실행하지 않았다면, 아무런 결과도 얻을 수 없었을 것이다. 그녀는 자신이 당장 할 수 있는 것이 무엇인지 판단한 다음에 그것부터 실행으로 옮겼기 때문에 지금의 육육걸즈와 박예나 대표가 될 수 있었던 것이다.

로또에 당첨되고 싶으면 로또를 직접 사야 하고, 작가가 되고 싶으면 직접 글을 써야 하고, CEO가 되고 싶으면 직접 사업을 시작해야 한다. 그래야 무엇이든 얻을 수 있다. 아무것도 시도하지 않으면 어떠한 결과도 얻을 수 없다.

하지만 대부분의 사람들은 직접 해보지도 않고 무슨 일이 일어나기를 기대한다. 직접 실행하는 것이 두려워서, 때로는 귀찮아서 행동으로 옮기지 않는다. 그러면서 자신이 처한 상황이 좋지 않다거나 아직 행동할 시점이 되지 않았다는 핑계를 댄다. 그리고는 아무것도 하지 않고 포기해버린다. 그렇지만 아무리 어려운 상황에서도 자신이 할 수 있는 일이 분명히 있다. 그러니 아무것도 하지 않다가 후회하지 말고 당장 자신이 할 수 있는 것부터 하자. 그러다 보면 하나씩 하나씩 본인이 진정 원하는 것을 얻을 수 있을 것이다.

한 번
하기의 힘

앞서 말했듯 로또 1등에 당첨될 확률은 1/814만이다. 하지만 이렇게 작은 숫자도 0에 비교를 하면 무한히 큰 수가 되는 것처럼 아무리 작은 숫자라도 확률이 있는 것과 없는 것은 전혀 다르다. 아무것도 하지 않는 것과 한 번이라도 하는 것은 엄청난 차이가 있다는 뜻이다. 옛날부터 내려오는 말 속에서도 첫 시작이 얼마나 중요한지를 말해준다. 탈무드에는 "0~1 사이가 1~100 사이보다 멀다"는 명언이 있고, 고대 철학자 아리스토텔레스는 "시작이 반이다"라는 말을 했다. 무언가를 시작하는 것이 얼마나 중요한지를 보여주는 말들이다. 하지만 나는 시작이 반이 아니라고 생각한다. 시작은 반이 아니라 전부이다. 시작을 하면 끝도 낼 수 있지만 시작하지 않으면 아무것도 끝낼 수 없다.

한때 개그맨 박명수의 어록이 유행한 적이 있었다. 그중에 기억에 남는 말 하나가 이것이다.

> *"늦었다고 생각할 때가 진짜로 늦은 것이다."*
>
> *– 박명수, 개그맨 –*

"늦었다고 생각할 때가 가장 빠른 것이다"라는 말을 패러디해서 한 말이다. 하지만 나는 박명수의 이 말에 전적으로 공감한다. 지금이 가장 빠르다고 여유 부릴 것이 아니라, 늦었으니까 지금이라도 늦었다는 것을 깨닫고 하루라도 빨리 시작해야 하는 것이다. 우리도 지금 당장 자신이 할 수 있는 작은 일부터 직접 실천해야 한다.

하지만 무언가를 처음 시작하기란 쉽지 않다. 내가 잘 알고 있는 것이라면 모르겠지만 지금까지 한 번도 해보지 않은 낯선 것이라면 더욱 어렵다. 어디서 어떤 것부터 시작해야 할지, 어떻게 시작해야 할지 도무지 감이 오지 않는다. 그래도 어떻게든 일단 시작하게 되면 그 다음부터는 그렇게 어렵지 않다. 처음 한 번 하기가 힘들지 딱 한 번만 하고 나면 그 뒤 두 번, 세 번째는 어렵지 않게 할 수 있다. 이렇게 단 한 번의 시작으로 우리의 인생은 달라질 수 있다.

한 번 하기의 힘은 나의 경험에서도 확인할 수 있다. 몇 년 사이 작은 실천 두 가지로 내 삶의 많은 부분이 바뀌었다. 하나는 회사에서 진행하는 지식나눔봉사에 참여하게 된 것이다. 우리 회사에서는 사회공헌활동의 일환으로 지역 중·고등학교에 가서 학생들에게 기업에 대해 소개하고 진로와 관련된 특강을 진행하고 있었다. 회사 사회공헌 담당자는 직원들에게 강사를 모집한다는 공고를 띄웠고, 나는 그 공고를 보고 담당자에게 어떤 활동을 하는지 한번 문의해봤을 뿐이다. 그런데 그것을 계기로 강사로 선정이 되고 직접 중·고교에 가서 진로특강을 진행하게 되었다.

그런데 첫 특강에서 학교 선생님이 나를 잘 봐주셨는지 그 후 각 학교에서 강의 요청이 들어오기 시작했고, 그로 인해 지역 진로지도 명예 교사로 위촉되기도 하였다. 더불어 진로 강사 경험을 바탕으로 학교 밖 청소년들을 돕는 꿈드림센터의 멘토 교사로까지 활동하면서 학교 밖 청소년들의 진로 지도와 학업 지도를 도왔다. 그 결과 전국 우수 멘토로 선정되어 장관상을 수상하는 가문의 영광까지 얻었다. 그뿐 아니라 현재 진로와 관련된 책을 쓰고 있고, 진로와 관련된 연구소를 설립하여 활발히 활동하고 있다.

그때 내가 지식나눔봉사 참여에 관해 문의를 하지 않았다면 나는 지금까지 계속 회사에서 주어진 업무만 담당하면서 하루하루를 재미없이 생활하고 있었을 것이다. 작은 실천 하나가 한 사람에게 이처럼 큰 영향을 줄 수 있다.

또 다른 하나의 실천은 바로 내가 책을 읽기 시작했다는 것이다. 앞에서 언급했던 것과 마찬가지로 나는 만화책조차 읽지 않았다. 하지만 성인이 되고 같이 방을 쓰는 룸메이트가 책을 읽는 모습을 보고선 나도 책을 한번 읽어볼까 하는 생각을 했다. 왠지 책을 읽지 않으면 지성인이 아닌 것처럼 느껴졌다. 그러고는 최대한 읽기 쉬운 책을 찾았다. 그 결과 찾은 책이 바로 이외수 선생님의 〈하악하악〉이라는 책이었다. 책은 조금 두꺼웠지만 책의 대부분이 그림과 여백으로 구성되어 있었고 가장 좋았던 점은 글이 많이 없는 것이었다. 그리고 내용 자체가 아주 가벼운 내용이었기 때문에 쉽게 읽어나갈 수 있었다. 그 책 한 권을 하루 만에 다 읽어버렸다. 책 한 권을 다 읽는다는 것. 그것도 하루 만에 다 읽는다는 것은 그때까지의 나로서는 절대 생각해보지 못한 일이었다. 그때 나는 나도 책을 읽을 수 있다는 사실을 깨달았다. 세상에는 읽기 쉬운 책도 있었다. 그 사건 이후로 책에 대한 거부감이 없어지고 나도 책을 읽을 수 있다는 자신감이 생겼다. 책에 흥미가 생긴 것이다.

그 후 나는 내가 관심 있는 분야의 책을 가지고 다니면서 시간이 날 때마다 책을 읽었다. 이렇게 책을 읽기 시작하면서 나 자신이 많이 변하게 되었다. 가장 먼저 다양한 지식을 습득할 수 있게 되었고, 스스로 많은 깨달음을 얻기도 했다. 그러고는 조금씩 나 자신이 성장하고 있다는 느낌을 받게 되면서 자신감도 얻을 수 있게 되었다. 더불어 책을 통해 새로운 사람들도 많이 만나고 또 그로 인해 새로운 경험과 기회를 살려가고 있다. 이 모든 것이 단지 쉬운 책을 하나 골라서 끝까지 읽은 결과이다.

한 번의 작은 실천이 큰 결과를 가져올 수 있다. 그녀에게 했던 한 번의 고백이 그녀와 평생 함께하게 해줄 수도 있고, 재미 삼아 했던 로또가 부자로 만들어줄 수도 있다. 물론 어떤 실천은 좋지 않은 결과를 가져올 수도 있다. 하지만 시작하기 전부터 부정적인 면만 생각하다 보면 아무것도 할 수 없다. 실제로 부정적인 결과를 초래한다고 해도 우린 아직 젊다. 실패를 다시 딛고 일어서 나아갈 수 있다. 좋은 경험이든 좋지 않은 경험이든 모든 경험은 우리에게 다 소중하다. 그러니 앉아서 머리만 굴리면서 매번 거창한 계획만 세우지 말고, 우선 내가 할 수 있는 작은 것부터 한번 해보자. 하기 전에 두렵고 망설여지던 것도 일단 시작하면, 막상 하고 나면 별거 아닐 때가 많다. 거창하고 완벽한 계획보다 소박하지만 직접 해보는 한 번의 실천이 훨씬 더 값질 때가 많다.

애인의 손을 처음 잡는 것이 힘들지 한 번 용기 내어서 손을 잡으면 그 뒤로는 쉽게 잡을 수 있다. 그러니 자신이 할 수 있는 것, 그 중에서도 자신이 지금 당장 쉽게 할 수 있는 것부터 하나씩 실천해보도록 하자.

직접 경험해봐야
알 수 있다

우리는 지금까지 자기 자신에 대한 이해를 높이는 훈련을 했다. 자신을 관찰하고 자신에 대해 물어보고 또 자신이 원하는 것이나 원하지 않는 것을 객관적으로 바라보면서 자신을 좀 더 깊게 들여다보았다. 그러면서 어느 정도 자신을 좀 더 잘 알게 되었을 것이다.

그렇다면 지금부터 정말 내가 원하는 것, 나의 가슴을 설레게 하는 것, 내가 정말 좋아하는 일을 찾아보도록 하자. 이제는 정말 행동하면서 나의 진로를 찾아 나설 차례이다. 과연 어떻게 내가 좋아하는, 나의 가슴을 떨리는 하는 그런 일들을 찾을 수 있을까?

그 방법은 결국 내가 직접 경험해보는 수밖에는 없다. 우리는 다양한 경험을 해야 한다. 우리는 딱 내가 경험한 것만 알고 내가 아는 만큼만 보고 생각한다. 누군가 나에게 어떤 음식을 좋아하는지 물었다고 생각해보자. 머릿속에 내가 먹어본 음식을 모두 떠올릴 것이다. 그리고 그중에서 내가 가장 맛있게 먹었던 음식을 말한다. 결국 본인이 먹어본 음식 중에서 고르게 된다. 내가 먹어보지 못한 음식을 좋아한다고 말할 수 없다. 왜? 어떤 음식이 있는지도 모르고 그 음식의 맛을 전혀 느껴보지 못했기 때문이다.

가끔 학생들과 식사를 할 때가 있다. 그러면 그들에게 어떤 음식을 먹고 싶은지 물어본다. 그러면 항상 비슷한 대답이 나온다. 피자, 치킨, 아니면 탕수육이다. 아니, 세상에 맛있는 음식이 얼마나 많은데 가장 먹고 싶은 음식이 피자와 치킨이라니. 다른 음식들은 내가 직접 먹어보지 못했기 때문에 맛있는지 아니면 내가 좋아하는 음식인지 전혀 알 수가 없다. 음식도 직접 먹어봐야 이 음식이 맛있는지 맛없는지, 자기가 좋아하는 음식인지 싫어하는 음식인지 알 수 있다.

좋아하는 것에 대해서도 마찬가지이다. 내가 직접 경험해보지 않은 일은 전혀 알 수 없다. 사람은 자신이 아는 만큼 본다. 즉, 알지 못하면 보지도 못한다. 그러므로 다양한 음식을 맛보듯이 다양한 것을 직접 경험하고 많은 것을 접해야 한다. 그러면 이전에는 보지 못했던 훨씬 더 많은 기회가 보이게 될 것이다.

경험에는 크게 두 가지의 경험이 있다. 바로 직접경험과 간접경험이다. 직접경험은 말 그대로 본인이 직접 해본 것으로, 내가 직접 내 눈으로 보고 몸으로 느껴봐야 내가 좋아하는 것인지 싫어하는 것인지 판단할 수 있다.

'젊어서 고생은 사서도 한다'라는 속담이 있다. 그만큼 돈을 주고서라도 젊을 때 많은 고생, 즉 경험을 해봐야 한다는 말이다. 또 '성공한 경험이 천 냥이라면 실패한 경험은 만 냥이다'라는 말도 있다. 그만큼 경험이 중요하다는 말이다. 비록 그 과정에서 실패를 하고 많은 힘듦과 괴로움이 있었더라도 그 경험은 분명 자신에게 큰 도움이 된다.

하지만 우리가 실제로 모든 것을 직접 경험하고 느끼기에는 시간도 부족하고 여건도 되지 않는다. 그래서 본인이 직접 경험하지 않더라도 다른 사람의 경험을 간접적으로 느껴볼 수 있다. 그것이 바로 간접경험이다. 자신이 경험하고 싶은 것을 먼저 경험한 사람의 이야기를 보거나 듣는 것이다. 내가 경험하고 싶은 것을 이미 경험이 있는 사람들에게 물어보고, 그들의 이야기를 직접 들으면서 간접적으로 체험해볼 수 있다. 아니면 자신이 꿈꾸는 인물이 주인공으로 나오는 영화나 소설을 봄으로써 간접적으로 주인공의 상황을 경험할 수도 있다.

어쩌면 자기가 다른 사람의 사례 연구를 통해 그 사람이 경험한 것을 간접적으로 느끼는 것이 내가 이 모든 것을 모두 경험해서 원하는 것을 찾는 것보다 훨씬 효율적일 수 있다. 많은 사람들과의 만남을 통해서도 자신이 좋아하는 것을 찾을 수 있다. 다양한 사람들을 만나면서 세상에는 이런 사람도 있구나, 이렇게 살고 있는 사람들도 있구나 하면서 배우는 것이다. 앞에서 언급했던 것처럼 사람은 아는 만큼 보게 되어 있다. 그만큼 많은 사람을 만나면, 많은 것을 볼 수 있게 된다.

그렇다면 사람들을 어떻게 만나야 할까? 많은 사람을 만나는 가장 손쉬운 방법은 바로 그들이 하는 강의를 직접 찾아 듣는 것이다. 최근에는 본인의 이야기를 다른 사람에게 전달하고자 하는 사람들이 너무나도 많다. 덕분에 그냥 내가 관심 있는 주제에 대한 강의를 신청하고 강의장으로 가기만 하면 그 사람들을 만날 수 있다. 실세로 이런 강연장에 찾아가 강연을 들을 때 그 자리에서 느끼는 에너지는 말로 표현할 수가 없다. 직접 찾아가서 강사의 이야기를 들으면서, 그리고 그 자리에 참석한 다른 사람들과의 만남을 통해서 지금까지 느끼지 못했던 많은 에너지를 얻을 수 있다. 이러한 만남을 지속하다 보면 분명 가슴 한구석에서 무언가 꿈틀거리는 느낌을 받을 수 있을 것이다.

실제로 주위를 둘러보면 괜찮은 강의를 아주 쉽게 찾을 수 있다. 동네 마트나 백화점 문화센터에서 진행하는 명사 특강도 있고, 시청, 구청, 문화회관에서 진행하는 정기적인 특강도 있다. 이처럼 기업이나 지자체 등에서 진행하는 특강은 무료일 때가 많다. 강의료가 유료인 경우가 있기는 해도 만 원 내외의 강의료만 내면 강사를 직접 만날 수 있다.

또한 이런 단체에서 진행하는 거창한 강의 말고도 일반인들이 진행하는 강의도 넘쳐난다. 인터넷 사이트 중에 '온오프믹스'라는 사이트가 있다. 강의를 하고자 하는 사람과 강의를 듣고자 하는 사람을 연결시켜주는 사이트다. 실제 온오프믹스 사이트에 들어가면 수많은 강의를 찾아볼 수 있다. 우리가 할 일은 사이트에 접속해서 원하는 주제의 강의를 검색해보고 그중 본인이 가능한 시간과 장소에 해당하는 강의가 있다면 강의 신청과 결제까지 한 번에 진행할 수 있다. 조금이라도 관심이 가는 강의나 교육이 있다면 한번 들어보는 걸 추천한다. 그 강의 하나로 인생이 바뀔 수도 있다.

만약 오프라인 강의를 들을 시간도 없고 강의료를 낼 돈이 빠 듯하다고 해도 걱정할 필요는 없다. 우리에게는 온라인이라는 엄청 난 무기가 있다. 유튜브에서 자기가 원하는 콘텐츠를 검색해보자. 유 명한 사람의 특강부터 일반인들의 간단한 영상까지 너무나도 많은 영상이 검색된다. 이 모든 것을 시공간의 제약 없이 무료로 이용할 수 있다. 심지어 해외 유명 인사의 수천만 원짜리 명강의도 무료로 들을 수 있을 때가 있다.

그리고 나처럼 지방에 거주하는 사람도 있을 것이다. 실제로 다 양한 오프라인 강의를 듣기 위해서는 서울까지 가야 하는 불편함이 있을 때가 많다. 하지만 잘 찾아보면 지방에서 진행되는 강의도 많이 있다. 그런 기회가 있으면 꼭 찾아 듣고, 내가 정말 꼭 듣고 싶은 강 의만 잘 선별한 다음 시간을 따로 내어서 서울이든 부산이든 찾아가 그 사람의 강의를 듣기도 한다. 그러면서 새로운 사람들을 만나고 그 사이에서 많은 것을 배우고 느낀다.

나는 오프라인 강의뿐만 아니라 유튜브 강의도 즐겨 보는 편이 다. 내가 원하는 콘텐츠를 검색해서 그 사람이 전달하는 메시지를 들으면서 공감도 하고 힐링도 하고 새로운 다짐도 해볼 수 있다.

다양한 사람을 만나는 또 다른 방법이 있다. 바로 책이다. 세상에는 친절한 사람들이 정말 많이 있다. 자신의 경험과 노하우를 기록으로 남겨서 많은 사람들이 볼 수 있도록 만들어놓은 것이다. 그래서 우리는 언제 어디서든 그 사람의 경험과 노하우를 글로 읽음으로써 배울 수 있다. 이 얼마나 감사한 일인가?

사실 나는 강의보다 책을 더 추천한다. 자기가 좋아하는 것이 어떤 것인지 잘 모르겠다고 하는 학생들에게 나는 무조건 책을 먼저 읽으라고 조언한다. 가장 쉽고 간편하게 접할 수 있다. 책 한 권만 있으면 자기가 원하는 시간과 장소에서 저자들의 이야기를 들을 수 있다. 시공간적인 제약 없이 그들을 만날 수 있다.

강의는 자신이 직접 찾아가야 한다는 시공간적인 제약이 있다. 물론 강의를 통해 사람을 직접 만남으로써 그 사람들로부터 얻는 에너지를 무시할 수는 없지만 그 사람을 만나는 시간은 길어야 4시간 정도이다. 또 자신이 기록해놓지 않으면 강의 내용을 다시 확인하기 어렵고 그 사람을 다시 만나기도 쉽지 않다. 그리고 유튜브는 엄청난 강의를 들을 수 있다 해도 영상이고, 돈을 내지 않았기 때문에 받아들이는 나 자신이 가볍게 여기게 된다.

반면 책은 한 권을 읽는 데 보통 3일 이상 소요된다. 물론 하루에 몇 권씩 책을 읽는 사람도 있지만 그것은 책을 읽는 데 무척 숙달된 사람들의 기준이고, 이제 무언가를 찾아나가는 입장에서, 초보적인 입장을 기준으로 살펴보자. 나 역시 책을 읽는 습관을 들이면서 많은 책을 읽으려 하지만 어깨도 아프고 눈도 아프고 목도 아파서 하루에 길어야 2시간 정도밖에 읽지 못한다. 또 여러 책을 같이 읽지도 못한다. 두 권 이상의 책을 같이 읽으면 두 책의 내용이 합쳐져서 춘향이가 심 봉사의 딸이 되어 인당수에 빠지는 그림이 그려지게 된다. 그래서 나는 속독보다는 3일 정도 시간을 두고 한 권의 책을 읽더라도 제대로 읽는 것을 선호한다.

책 한 권을 3~5일 동안 읽으면서 그 글을 쓴 저자와 생각을 공유하고 그 주제에 대해 토론도 한다. 저자의 생각을 읽으면서 내 생각을 말하기도 하고, 옆에 메모하기도 한다. 그렇게 서로의 생각을 공유하고 기록하다 보면 책에서 느낀 것들이 머릿속에 더 진하게 남는다. 다음에 필요할 때 찾아볼 수도 있다.

혹시 무슨 책을 읽어야 할지 모르겠다면 남들이 많이 읽었던 베스트셀러나 스테디셀러 위주로 선택하는 것을 추천한다. 많은 사람이 선택해서 읽는 데는 다 이유가 있다. 대략 만오천 원 정도의 돈을 지불하면 언제든지 자기가 만나고 싶어 하는 사람을 만날 수 있다. 아니면 책을 굳이 구매하지 않아도 된다. 요즘은 어디를 가든지 동네마다 도서관이 하나씩 있으니 내가 원하는 책이 있기만 하다면 돈 한 푼 들이지 않고 내가 원하는 사람들과 만날 수 있다.

실제 성공한 CEO 중에도 독서광이 많이 있다고 한다. 마이크로소프트 창업자 빌 게이츠는 "오늘날 나를 만든 것은 어릴 적 살던 마을의 도서관이었다"라고 말하면서 본인의 성공 비결이 독서에 있음을 밝혔다.

강의든 책이든 새로운 사람을 만나고 그 사람과 의견을 나눈다는 것은 매우 소중한 일이다. 늘 같은 연예인을 보러 다니거나 똑같은 친구들만 만나지 말고, 다양한 사람들을 만나면서 생각의 폭을 넓히도록 하자. 그러면 그 사이에서 무언가 얻을 수 있는 것이 분명히 있을 것이다.

간접경험을 느낄 수 있는 매체는 강의나 책뿐만이 아니다. 최근 정보통신의 발달로 우리는 세상 어디를 가든지 자기가 원하는 정보를 쉽게 찾을 수 있게 되었다. 블로그, 인터넷 뉴스, SNS 등을 통해서 수많은 정보를 검색할 수 있다. 그 정보 중에서 자기가 경험하고자 하는 것을 찾을 수도 있다.

간접적으로 경험한 다른 사람의 경험 중에서 내가 직접 경험해 볼 수 있는 것은 직접 해봐야 한다. 내가 직접 경험한 것과 남이 경험한 것을 간접적으로 느끼는 것의 효과는 하늘과 땅 차이다. 즉, 간접경험으로 자신의 관심 분야를 찾고 그것을 직접 경험함으로써 그 일이 정말 내가 진정으로 원하는 것이 맞는지 확인하는 것이다. 이렇게 간접경험과 직접경험을 반복하다 보면 어느 순간 자신의 가슴을 설레게 하는 무언가가 눈에 보이기 시작할 것이다. 그때 자신에게 질문을 해본다.

"너 정말 이거 하는 게 좋냐? 할 수 있겠어?"

그 물음에 "Yes"라는 대답이 나온다면 그때부터는 그것을 어떻게 얻을지 생각하면 된다. 자신이 원하는 것을 찾았기 때문에 자신이 나아가야 할 방향이 정해진 것이다. 이제 그 길을 따라서 앞으로 가기만 하면 된다.

다시 한 번 말하지만 사람은 보고, 듣고, 경험하는 것이 전부이다. 아는 만큼 사고하고 아는 만큼 행동한다. 그러니 다양한 경험을 해보자. 그 경험을 통해 자기가 좋아하는 것도 찾고, 사고의 폭도 넓히다 보면 분명히 더 많은 기회가 생길 것이다.

나의 롤모델은
누구?

자기 탐색과 다양한 경험을 통해 드디어 하고 싶은 것이 생겼다. 그리고 그것을 실천해야겠다고 마음도 먹었다. 그런데 문제가 생겼다. 바로 어디서부터 어떻게 시작해야 할지 모르겠다는 것이다. 무슨 일을 하기 위해서는 그 일을 하는 순서가 있고 절차가 있다. 자기가 하고자 하는 일이 로또를 사는 것처럼 간단한 일이라 할지라도 그것을 하기 위해서는 생각보다 많은 절차를 거쳐야 한다. 우선 어느 로또 판매점이 명당인지 찾아야 하고, 로또 구매의 황금 시간대도 확인해야 한다. 그러고는 로또를 구매하는 방법도 자동인지 수동인지 선택해야 하며, 로또 당첨 시에 돈을 수령하는 행동 요령 또한 숙지하고 있어야 한다.

　로또를 구매하는 것처럼 사소한 일도 이렇게나 고려할 것이 많은데, 수익을 내는 일을 하거나 사업을 한다고 가정한다면 얼마나 많은 것을 준비해야 할 것인가? 말 그대로 어떻게 해야 할지 몰라서 하지 못한다는 말이 나온다. 도대체 이런 것들을 어떻게 확인하고 어디서부터 어떻게 실행해야 할까? 생각만 해도 막막하다. 그렇지만 어디나 방법은 있다. 그 방법을 찾아보면 의외로 간단하게 해결할 수 있다. 바로 자기가 원하는 것을 먼저 이룬 사람에게 찾아가서 도대체 어떤 절차를 거쳐서 지금의 위치에 이르렀는지, 어떻게 원하는 것을 얻을 수 있었는지 직접 물어보는 것이다. 그래서 그 방법이 자신도 할 수 있는 방법이라면 그대로 따라하면 된다. 만약 그 사람의 방법이 자신과 좀 맞지 않는다면 또 다른 사람을 찾아보거나 자신의 상황에 맞게 일부 수정하여 진행하면 된다.

선생님이 되고 싶다면 선생님께 찾아가서 어떻게 선생님이 되었는지 물어볼 수 있고, 대기업에 입사하고 싶으면 대기업에 먼저 입사한 사람을 통해 정보를 얻을 수 있다. 또 사업으로 성공을 하고 싶다면 비슷한 아이템으로 성공한 사업가를 만나서 조언을 들을 수 있다. 실제 경험한 사람들의 이야기를 바탕으로 자기 미래의 계획을 짤 수 있다.

월드컵, 올림픽과 함께 세계 3대 스포츠 대회 중 하나인 자동차

경주 대회, 포뮬러1 월드 챔피언십에서 F1 드라이버로 활약하는 독일의 세바스찬 베텔이라는 선수가 있다. 그는 현재 세계 최정상급의 F1 드라이버 중 한 명이다. 그의 연봉은 현재 500억 원 정도이다. 그렇게 대단한 선수지만 그도 어린 시절 동경하는 사람들이 있었다. 바로 팝의 황제 마이클 잭슨과 농구의 황제 마이클 조던, 그리고 마지막으로 F1의 전설 미하엘 슈마허였다.

베텔은 이 세 명을 자기 인생의 롤모델로 삼고 그들처럼 되고 싶다고 희망했다. 하지만 음치에 키가 작았던 그는 가수와 농구선수의 꿈을 포기할 수밖에 없었고, 필연적으로 자신의 나라에서 태어난 세계 최고의 F1 드라이버 미하엘 슈마허처럼 자신도 F1 머신을 조종하는 F1 드라이버가 되고자 결심한다. 슈마허는 지금까지 F1 월드 그랑프리 최다 우승 기록(7회)을 가지고 있는 최고의 F1 드라이버이다.

어린 베텔은 슈마허처럼 되기 위해 슈마허가 출전하는 모든 경기를 관람하고, 슈마허의 경기 스타일을 분석하면서 자신에게 적용한다. 그렇게 슈마허의 행동과 습관까지 배울 정도로 기술을 습득하고 본인도 슈마허와 같은 F1 드라이버가 되기 위한 꿈을 키워나간다. 그 결과 2007년 미국 대회에서 첫 데뷔전을 치르고 다음 해인 2008년, F1 역사상 최연소 그랑프리 월드챔피언에 오르게 된다. 그 후 2014년까지 5년 연속 F1 그랑프리 월드 챔피언에 오르면서 세계 최정상의 자리에 오르게 된다.

실제로 베텔과 슈마허는 경기 스타일뿐 아니라 하는 행동까지 많이 닮았다고 한다. 베텔의 팀 관계자는 베텔을 보고 "슈마허의 복사본"이라고 표현했다. 어린 시절 우상을 동경했던 한 소년이 그와 같이 되고 싶다는 희망을 품고 그를 따라서 행동한 결과, 결국 어린 시절 우상과 어깨를 나란히 할 수 있는 사람으로 성장한 것이다. 지금도 베텔은 세계 최정상의 기량을 뽐내면서 자신의 우상인 슈마허를 따라 하기 위해 끊임없이 노력 중이다.

국내에도 비슷한 사례가 있다. 바로 우리나라 최고의 드라마 작가 김은숙의 이야기이다. 그녀는 원래 작가가 아니었다. 학창 시절 그녀는 집안이 어려워 대학에 진학하는 것을 포기하고 어느 공장에서 일을 시작했다. 그러다 문득 '이 삶은 내가 원하는 삶이 아니다'라는 생각과 함께 회사를 그만두었다. 회사를 그만두고 할 일이 없어진 그녀는 책을 읽기 시작했다. 그러다 신경숙 작가의 책을 만나게 된다. 신경숙 작가의 책을 읽다가 본인도 작가가 되고 싶다는 마음을 가진다. 그리고 '나도 신경숙 작가처럼 작가가 되어야지'라고 다짐을 한다.

하지만 작가가 되기 위해 어떤 것부터 해야 하는지를 알지 못했다. 그래서 김은숙 작가는 신경숙 작가가 어떻게 작가가 되었는지 찾아보기 시작한다. 그러다 신경숙 작가는 작가가 되기 전 서울예술전문대학 문예창작과를 졸업하게 된 사실을 알게 되었고, 김은숙 본인도 서울예술전문대학 문예창작과에 입학하기 위해 입시를 준비한다. 그리고 결국 서울예술전문대학 문예창작과에 입학하게 된다. 대학 입학 후에도 김은숙 작가는 신경숙 작가와 같은 작가로 성장하기 위해 부단한 노력을 한다.

그 결과 드디어 드라마 작가로 데뷔하게 된다. 그러고는 〈파리의 연인〉, 〈프라하의 연인〉, 〈시크릿 가든〉, 〈신사의 품격〉, 〈상속자들〉, 〈태양의 후예〉, 〈도깨비〉, 〈미스터 선샤인〉 등 수많은 히트작을 탄생시키면서 국내 최고의 드라마 작가 자리에 오르게 된다. 그녀는 각종 방송사와 시청자들이 가장 선호하는 드라마 작가가 되었다. 그녀의 드라마 원고료는 정확히 공개되지 않았지만 1회당 1억 원을 상회한다는 소문이 있다. 드라마 한 편이 20부작이라고 가정한다면 드라마 한 편당 20억 이상의 원고료를 받는다는 계산이 나온다. 여기서 만약 드라마 원고가 다른 나라로 수출된다면 그녀가 받는 수익은 상상을 초월할 것이다. 실로 어마어마한 작가가 되었다. 이제는 오히려 신경숙 작가보다 더 유명한 사람이 된 것 같다.

김은숙 작가가 이렇게 최고의 드라마 작가가 될 수 있었던 이유는 바로 본인이 원하는 것을 먼저 이룬 사람으로부터 그 방법을 찾았기 때문이다. 작가가 되기 위해 준비해야 할 것이 무엇인지, 어떤 과정을 거쳐야 하는지에 대해 방법을 찾고, 배웠다. 그리고 그 방법을 그대로 따라 했기 때문에 가능했던 것이다. 이렇게 무언가를 이루기 위해 전진할 때 나의 목표점에 서 있는 어떤 사람이 먼저 간 길을 그대로 따라간다면 훨씬 쉽게 앞으로 나아갈 수 있다. 비록 같은 시간에 함께 가는 것은 아니지만 그 사람과 같은 길을 가고 있다는 것 자체로 그 사람에게 의지하면서 전진할 수 있다.

그러면 먼저 꿈을 이룬 사람, 즉 나의 길잡이를 만나려면 어떻게 해야 할까? 주변 가까이에 그런 사람이 있으면 가장 좋겠지만 그게 아니라면 자신이 직접 찾아 나서야 한다. 만나보고 싶은 사람이 가까이에 없다면 먼저 그 사람의 강의나 그 사람이 쓴 책을 찾아 읽어보자. 정말 다행스럽게도 성공한 사람들은 본인의 이야기를 전달하고자 강의를 하거나 책을 써서 발간하는 사례가 많다. 강의 비용, 책 구매 비용을 조금 더 투자하면 내가 원하는 정보를 더 많이 얻을 수 있다.

필요하다면 고액의 비용을 들여서 컨설팅을 받기도 한다. 물론 당장 돈이 들어가기 때문에 꺼리는 경우가 있을지 모르지만, 일정 금액의 사용으로 나의 미래가 멋지게 그려질 수 있다면, 내가 쓴 비용은 정당한 투자가 된다. 일정 금액을 들였는데 뜻대로 이뤄지지 않을지도 모른다고 고민될 수도 있다. 그러나 앞에서 언급한 대로 실패는 성공보다 더 값진 깨달음을 주곤 한다. 이를 자신의 미래를 향한 투자라고 생각해보아라. 일정 금액을 들여 자신의 미래가 멋지게 그려진다면 이보다 더 좋은 투자가 있을까?

이처럼 나의 소중한 꿈을 이루기 위해서는 그 꿈을 이루는 방법을 알아야 한다. 그 방법을 알기 위해 직접 발품을 팔아가면서 찾아다녀야 한다. 가만히 앉아 있으면 아무도 그 방법과 비법을 가르쳐주지 않는다. 아무것도 얻을 수 없다. 직접 발로 뛰면서 찾아보아야 방법을 찾을 수 있다. 그렇게 얻은 비법을 그대로 적용할 수도 있고, 나만의 방법으로 변형하여 적용할 수도 있다. 그러는 과정에서 필요한 것이 있다면 과감히 투자도 할 줄 알아야 한다. 그래야 나중에 투자했던 금액보다 훨씬 더 큰 비용을 회수할 수 있다. 운이 좋게 적은 비용으로 원하는 것을 찾는다면 그거대로 좋은 일이지만 내가 알고자 하는 것은 무료여야만 한다는 생각으로 아무런 대가 없이 무작정 노하우를 받겠다는 마음은 도둑질을 하는 것과 같다.

나 역시 인생의 롤모델이 있다. 롤모델이라기보다는 인생의 멘토이자 스승이다. 어려운 일이 있거나 중요한 일을 결정하기 전에 멘토에게 연락해서 그분의 조언을 얻는다. 만나서 서로의 의견을 공유하면서 토론하기도 한다. 그러면서 어려운 일도 해결하고 중요한 결정도 한다. 혼자 모든 결정을 해야 한다고 생각하면 몇 날 며칠을 고민할 일이지만 멘토와 함께 결정하면 그보다 훨씬 짧은 시간에 결정을 할 수 있다. 멘토를 만나는 것이 개인적으로는 훨씬 효과적이다.

세상을 혼자 살아가는 것은 어렵다. 모르는 게 있으면 그걸 물어볼 수 있는 사람, 힘들 땐 기댈 사람이 있어야 한다. 혼자 가는 것보다 누군가의 도움을 받아서 함께 가면 훨씬 쉽게 자신이 원하는 것을 얻을 수 있다.

지금부터라도 자신만의 롤모델을 만들어서 그 사람처럼 되자고 목표로 세우자. 그리고 그 사람이 그 위치까지 갈 수 있었던 비법을 찾아보자. 그 길을 따라가다 보면 어느 순간 그 사람과 어깨를 나란히 하는 자신을 발견할 수 있을 것이다. 훌륭한 사람들에게는 언제나 더 훌륭한 스승이 있기 마련이다.

먼저 요청해야
얻을 수 있다

고등학교 시절 영어 학원을 다녔는데, 그 학원에 가기 위해서는 40분 동안 버스를 타고 시내까지 가야 했다. 그때마다 버스에서 한 여학생을 마주치곤 했다. 내가 버스에 타고 5정거장을 가면 탑승하는 그 여학생은 목적지도 나와 같은 영어 학원이었다.

나는 매일 버스를 타면서 그 여학생을 눈여겨보았다. 그리고 어느 순간 자연스럽게 마음이 가기 시작했다. 같은 동네에 살고 같은 학원에 다니는 것을 연결고리로 뭔가 말이라도 걸어보고 싶었지만 용기가 나지 않아 아무 말도 걸지 못했다. 시간을 들여 노력해보아도 별다른 효과가 없었다.

그러던 어느 날 학원 행사로 인해 그 여학생과 함께 게임을 할 기회가 생기면서 자연스럽게 말을 트게 되었다. 3개월이라는 긴 시간 매일 마주치면서도 지켜볼 수밖에 없었는데 작은 계기로 친해진 것이다. 어느 정도 친해진 이후 우리가 매일 같은 버스를 탔다는 사실을 말하자 그녀는 왜 진작 말을 걸지 않았냐고 나에게 물어왔다. 그녀도 나를 알아보고 내가 말을 걸어주길 기다리고 있었다는 것이다. 나는 내 말을 들어주기나 할까 내가 이상해 보이진 않을까 걱정이 되어 말 한마디 못하고 있었는데, 정작 그녀는 내가 말 걸어주기를 기다리고 있었다.

나의 망설임으로 그녀와 말을 하는 데까지 3개월이라는 긴 시간이 소요됐다. 심지어 학원 행사가 없었더라면 3개월이 아니라 평생을 말 한마디 나누지 못하고 지나쳤을지도 모를 일이다.

여기서 내가 하고 싶은 이야기는 이성 친구도 그에게 나의 마음을 전해야 그 사람을 얻을 수 있다는 것이다. 갖고 싶은 것을 앞에 두고도 마찬가지다. 그 대상을 향해 나의 마음을 담아 대시, 혹은 어떤 행동을 해야 얻을 수 있다.

앞에서도 말한바와 같이 강의나 책, 또는 다른 매체 등을 통해서 내가 원하는 것을 먼저 이룬 사람들을 많이 만날 수 있다. 하지만 이런 텍스트나 영상 등의 매체를 통해서 얻는 정보는 제한적이고 일방적일 수밖에 없다. 내가 궁금해하는 것을 실시간으로 물어볼 수도 없다. 그저 상대방이 이야기하는 것을 들을 수밖에 없다.

이제 관심사가 정해졌다면 텍스트와 영상으로만 만나봤던 사람들을 직접 만나보자. 그들을 직접 만나서 어떻게 그 일을 시작했는지, 지금의 일을 하면서 어떤 어려운 점이 있는지, 또 본인이 하는 일에 어떤 만족감을 가지는지, 평소 어떤 생활을 하고 있는지, 본인의 결정에 만족하는지, 후회는 없는지, 또 앞으로 어떤 계획이 있는지 등 그 사람에게 물어보고 싶은 것이 한두 가지가 아닐 것이다. 영상을 보아도 자신이 원하는 것을 쉽게 얻을 수 없다면 내가 원하는 것은 직접 만나서 물어봐야만 얻을 수 있는 것들이다.

이제 우리는 버스 안에서의 나와 같은 고민을 하게 된다.

"과연 내가 그 사람에게 먼저 말을 걸어도 되는 걸까?"

"그 사람이 거절하면 어떡하지?"

"그 사람이 나 같은 사람을 만나주기나 할까?"

그러면서 어떻게 해야 할지 망설이게 된다. 하지만 용기 있는 자만이 미녀를 얻을 수 있듯이 내가 먼저 대시하지 않고서는 그 사람을 만날 수 없다. 솔직히 내가 연락을 한다고 해서 손해 볼 것은 아무것도 없다. 그 사람이 나의 제안을 거절한다고 해도 손해 볼 것은 아무것도 없다. 답이 오거나 만나주기까지 한다면 아주 감사한 것이고, 아니더라도 그만이다. 절대 손해 보는 장사가 아니다. 그러니 나는 내가 할 수 있는 것에만 신경 쓰면 된다. 나의 제안에 수락을 하고 말고는 그 사람에게 달려 있는 것이다. 버스 안의 남자는 여자의 거절에 대해 걱정하고 있지만, 정작 버스 안의 여자는 남자의 말을 기다리고 있다.

텍스트와 영상을 통해서 만나던 사람에게 궁금한 사항이 생겼다면 주저하지 말고 연락해서 물어보자. 연락처도 모르는데 어떻게 연락을 하느냐고 반문할 수도 있지만, 내가 마음만 먹는다면 그 사람과 접촉할 수 있는 방법은 생각보다 많이 있다. 내가 만나고 싶어 하는 사람이 정말 유명한 사람이라면 그 사람이 운영하는 회사나 홈페이지가 분명히 있을 것이다. 그 회사나 홈페이지를 통해서 접촉을 할 수도 있고, 그 사람이 책을 썼다면 책에 저자의 이메일이나 카페 주소, 블로그 주소 등을 적어두는 경우도 많이 있다. 심지어 핸드폰 번호를 기재하는 저자들도 많이 있다. 아무런 정보가 없더라도 출판사를 통해서 문의해볼 수 있다.

최근에는 더욱 쉽게 접할 수 있는 방법이 생겼다. 바로 SNS를 통하면 누구나 손쉽게 소통을 할 수 있는 시대가 된 것이다. SNS에서 조금만 검색을 하면 내가 원하는 사람의 계정을 찾을 수 있다. 그 사람이 SNS에 가입되어 있기만 하다면 말이다. 그 사람의 게시물 댓글을 통해 그 사람과 소통할 수도 있고, 직접 메시지를 보낼 수도 있다.

실제 SNS를 통해 작가와 팬이 소통하고 결혼한 사례도 있다. 바로 〈꿈꾸는 다락방〉, 〈리딩으로 리드하라〉의 저자이자 작가계의 아이돌로 불리는 이지성 작가와 한국 당구계의 여신 차유람 선수이다. 차유람 선수는 이지성 작가의 책을 읽고 그의 팬이 된다. 그 후 이지성 작가를 만나기 위해 그의 SNS 계정을 팔로우하고, 그가 참석하는 독서모임에도 참여하면서 결국 이지성 작가를 만나게 된다. 처음에는 멘토와 멘티, 작가와 팬으로 만났지만 점점 연인 사이로 발전했고, 13살의 나이 차로 인한 우여곡절이 있었지만 둘은 결국 결혼에 성공해서 현재 행복한 가정을 꾸리고 있다.

차유람 선수가 SNS로 이지성 작가의 계정을 팔로우하지 않았으면 절대 있을 수 없는 일이었다. 물론 둘 다 유명한 사람이고 차유람 선수가 워낙 빼어난 외모를 가지고 있어서 가능했던 일일 수도 있겠지만, 내가 만나고 싶은 사람의 SNS 계정을 팔로우한 작은 용기와 행동이 그들을 결혼까지 연결시켜준 것이다.

나 역시 비슷한 경험을 한 적이 있다. 책을 읽거나 강의를 통해 만난 사람에게 궁금한 점이 있으면 먼저 연락을 하는 편인데, 작년엔 어떤 사람의 강의를 듣고 '아~ 저 사람 강의 잘하네'라고 생각을 하며 그 사람이 쓴 책을 사서 읽었다. 다행히도 그 책에 저자의 이메일이 적혀 있었고, 나는 주저 없이 그에게 메일을 썼다. 나에 대한 소개를 시작으로 나의 신분을 모두 밝히고, 왜 당신에게 메일을 쓰는지, 당신에게 궁금한 것은 무엇인지 질문 목록을 만들어서 그에게 메일을 보냈다.

그러자 생각지도 않은 대답이 왔다. 그가 먼저 나를 만나자는 것이다. 사실 나는 그 사람과 실제로 만날 생각은 없었다. 다만 내가 궁금했던 몇 가지 질문에 답이나 해주면 감사하겠다고 생각했다. 하지만 나에게 돌아온 대답은 만나서 이야기하자는 것이다. 얼떨결이지만 일정을 확인한 후 실제로 만나서 내가 궁금해하는 것을 물어보았다. 그는 2시간 동안 자신의 이야기를 거침없이 쏟아내었다. 본인이 어떻게 이 일을 시작했고, 이 일은 이런 특성을 가지고 있고, 또 앞으로 어떤 계획을 가지고 있는지까지 말해주었다. 더 놀라운 사실은 같이 만난 커피숍에서 커피도 그가 계산을 했고 같이 먹은 도넛도 그가 계산을 했다. 그분이 이렇게까지 적극적으로 나를 상대해줄 거라곤 생각지도 못했기 때문에 왜 이렇게 잘해주시냐고 물으니 메일에서 나의 진심이 느껴졌다고 말했다. 나는 이메일 한 통으로 어디가서 돈을 주고도 살 수 없는 값진 정보와 시간을 얻었다. 이후 그분과는 지금까지도 개인적으로 연락하면서 지내고 있다.

이렇게 내가 먼저 시도하면 내가 원하는 것을 얻을 수 있다. 가볍지 않고 진중하게 진심을 담아서 연락을 한다면 분명히 상대방은 나의 요청을 받아줄 것이다. 질문을 하면 질문에 대한 답을 할 것이고, 만나고자 한다면 만나줄 것이다.

연락을 하고 만나서 같이 대화를 하다 보면 이처럼 어디서도 얻을 수 없는 값진 것들을 얻을 수 있다. 정말 살아 있는 정보를 얻을 수 있는데, 아무것도 시도하지 않으면 아무것도 얻을 수 없다. 나의 요청을 무시하거나 거절하면 조금 실망은 하겠지만 어차피 나는 손해 볼 것이 아무것도 없다. 그러니 내가 만나고 싶은 사람이 생기거나 대화하고 싶은 사람이 생기면 용기 있게 먼저 연락해보자.

총각네 야채가게의 이영석 대표는 한 강의에서 다음과 같은 말을 했다.

"세상에는 크게 세 가지 일이 있습니다. 첫 번째는 내가 할 일, 두 번째는 남이 할 일, 세 번째는 하늘이 할 일입니다. 우리는 내가 할 일에만 집중하면 되는 것입니다."

- 이영석, 총각네 야채가게 대표 -

그렇다. 나는 나 자신이 할 수 있는 일, 또 해야 하는 일에만 집중하고 수행하면 된다. 그러나 대부분 사람들은 본인이 할 수 없는 일까지 신경을 쓰는 경우가 많다. 특히 다른 사람에게 무언가를 제안할 때 그렇다. '내가 이 말을 했을 때, 상대방이 거절하면 어떻게 하지?' 하면서 말을 꺼내지도 않는다.

예를 들어 마음에 드는 상대가 생겼다고 하자. 그 사람과 같이 밥을 한 끼 먹으면서 데이트를 하고 싶다면 내가 할 수 있는 것은 그 사람에게 언제 어디서 만나자고 제안하는 것뿐이다. 그것을 승낙할지 거절할지는 그 상대방이 선택할 일이다. 그러나 우리는 거절이 두려워서 데이트 신청조차 하지 않는다. 이 얼마나 어리석은 짓인가? 데이트 신청을 하면 만날 수 있는 확률은 50%가 된다. 그러나 거절당할 것이 두려워서 만나자고 말조차 하지 못한다면 앞으로는 영영 만날 수 없게 된다.

또 상대방이 승낙을 했다고 할지라도 '만나러 가다가 무슨 사고라도 나서 만나지 못하면 어떻게 하지?' 이렇게 생각하기도 한다. 정말 쓸데없는 걱정이다. 자기가 할 수 있는 일에 최선을 다하는 것 말고는 할 수 있는 것이 없다. 그리고 그 결과는 하늘에 맡기는 수밖에는 도리가 없다. 가다가 교통사고가 날 수도 있고 천재지변이 일어나서 상대방을 만나지 못할 수도 있다. 하지만 그것은 내가 할 수 있는 일이 아니다. 나는 다만 조심하는 방법 말고는 도리가 없는데 내가 할 수 없는 일의 영역을 고민하고 걱정하고 있다. 이렇게 쓸데없는 곳에 에너지를 낭비하지 말고 자기가 할 수 있는 것에만 집중하자.

주위에 만나고 싶은 사람이 있으면 직접 연락해서 만나자고 요청할 수 있다. '이 사람이 나랑 만나주겠어?' 하는 생각으로 혼자 판단해서 연락도 하지 못하면 절대 만날 수 없다. 만나자고 요청을 하는 것이 자기가 할 수 있는 전부이고, 수락을 하는 것은 그 사람이 할 일이다. 그런데 의외로 모르는 사람에게 연락해도 받아주는 경우가 많이 있다. 진심으로 나의 마음을 전하면 상대방도 거절할 이유가 없다. 물론 거절을 당하는 경우가 더 많을 수도 있다. 하지만 어차피 거절을 당한다고 해도 절대 손해 볼 것이 없지 않은가? 그러니 지레 겁먹지 말고 자기가 할 수 있는 것에만 집중해서 요청해보자. 그리고 기다리면 된다. 승낙 여부는 상대방의 결정에 맡기고 말이다. 어차피 자신의 영역이 아니므로 할 수 있는 일이 없다. 자기가 할 수 없는 일에 과하게 신경을 쓰다 보면 정작 나 자신이 할 수 있는 일은 놓치게 된다.

무슨 일을 하려고 할 때마다
주변의 반대가 심한데 어떻게 해야 할까요?

주위 사람들이 반대하는 이유는 크게 세 가지입니다. 첫째는 정말 그 일이 당신과 맞지 않을 것 같아서, 두 번째는 그 일에 대해 제대로 알지 못하기 때문입니다. 그리고 마지막 세 번째는 당신이 자신보다 혹시나 잘될까 봐 샘이 나서, 즉 남이 잘 되는 꼴을 보기 싫어서입니다. 이 중 대부분의 반대 이유는 그 일에 대해 잘 몰라서 반대하는 경우가 많습니다. 모르기 때문에 겉으로 보이는 면이나 부정적인 면만을 확대해 그 일과 그 사람이 어울리지 않다고 생각합니다.

사람들이 왜 반대를 하는지 생각하기 전에 자신에게 다시 한 번 질문해보시기 바랍니다. 하고 싶은 일이 진정으로 자기가 원하는 일이 맞는지, 자신에게 어울리는 일인지, 본인에게 다시 한 번 물어보시기 바랍니다. 그래도 자기가 좋아하는 일이고 할 수 있는 일이라고 판단된다면 다른 사람이 뭐라고 하든 하는 것이 맞습니다. 해야 합니다.

그래도 계속 주위 사람들이 반대한다면 주변 사람들을 설득시켜야 합니다. 부모님과 지인에게 자신의 진심을 말씀하시기 바랍니다. 정말 이 일을 할 것이고 잘할 자신이 있다고, 자신의 계획을 설명하면서 설득하시기 바랍니다. 정말 자신의 판단이 옳고 확신이 있다면 주위 사람들, 특히 부모님은 허락을 해주시고 응원도 해주실 것입니다. 그래도 안 된다거나 반대하는 사람들은 무시하면 됩니다. 단지 자신과 생각이 좀 다를 뿐입니다. 굳이 사람들의 말을 모두 들을 필요는 없습니다. 본인은 마음을 굳게 먹었다고 해도 주위에서 하는 안 된다는 말을 귀에 담기 시작하면 그 마음이 흐트러지기 마련입니다.

나와 다른 생각을 가진 사람을 만나는 대신 나와 생각이 비슷한 새로운 사람을 만나면 됩니다. 세상에는 당신의 의견에 응원을 해줄 사람들이 많이 있습니다. 새로운 사람들에게 자기가 하고 싶은 일을 이야기하면 열에 아홉은 당신을 응원해줄 것입니다. 그 사람들 입장에서는 내가 하는 일을 반대할 이유가 없습니다. 그렇게 새로운 사람들로부터 응원을 받으시면 됩니다. 세상에는 여러분을 이해하고 응원해줄 사람들이 얼마든지 많이 있습니다. 그리고 성공하면 됩니다. 그래서 반대했던 사람들에게 보란 듯이 보여주고, 설사 실패한다고 해도 그동안 즐거웠으니 그것으로 된 것입니다. 정말 자기가 해야겠다고 판단이 되면 남이 뭐라고 하든지 상관하지 말고 밀고 나가시기 바랍니다.

PART 4

지금 한번 해보자!

모든 것은
마음먹기에 달려 있다

불교 용어에 '一切唯心造(일체유심조)'라는 말이 있다. 이 말은 '모든 일은 마음이 지어내는 것이다'라는 뜻으로 '모든 것은 내 마음먹기에 달려 있다'라는 의미로 해석될 수 있다. 다시 이야기하면 모든 상황은 내가 생각하기에 따라 좋은 상황이 되기도 하고 안 좋은 상황이 되기도 한다는 말이다. 아무리 어려운 상황이라도 자기가 좋게 생각하면 좋은 것이고, 아무리 행복한 상황이라도 자기가 불편하다고 느끼면 불편한 것이다.

실제 우리는 똑같은 사물을 보고도 상황에 따라 혹은 보는 사람에 따라 느끼는 감정이 전혀 다르다. 부엌에 있는 컵에는 깨끗한 물을 부어 마실 수 있지만 똑같은 컵을 화장실에 놔두면 물을 부어 마시기 쉽지 않다. 사람에 따라서도 다르다. 똑같은 장미를 보고서 누군가는 아름다움을 생각하고, 누군가는 뾰족한 가시에 찔리는 아품을 생각한다. 나의 심리에 따라 느끼는 감정은 전혀 다르다. 평상시 낯선 사람이 길을 물어보면 친절히 가르쳐줄 수 있지만, 끼니를 걸러서 많이 허기진 상태에서 누군가가 말을 걸면 울컥 짜증을 내거나 아주 예민하게 반응할 수도 있다.

컵의 경우 부엌에 있는 컵과 화장실에 있는 컵이 다른 컵이 아니고, 컵을 보는 사람도 다르지 않다. 다만 컵이 위치한 상황이 다를 뿐이다. 장미도 다르지 않다. 철수가 보는 장미와 영희가 보는 장미는 똑같은 장미다. 다만 보는 사람이 다를 뿐이다. 그리고 똑같은 사람이 똑같은 상황에서 나에게 길을 물어본다. 하지만 나의 심리 상태에 따라 내가 느끼는 감정은 전혀 다르다.

이처럼 자신의 감정은 외부 상황으로 결정되는 것이 아니라 내가 가지고 있는 마음가짐으로 결정 지어진다. 이를 다르게 해석해보면 자신의 감정을 스스로 조절할 수 있다면 어떠한 상황에서도 긍정적인 감정을 유지할 수 있다는 의미가 된다. 아무리 부정적이고 힘든 상황일지라도 자기가 스스로 좋다고 생각하면 좋은 것이고, 남들이 다 좋다고 하는 상황일지라도 내가 싫으면 싫다. 그러니 우리는 모든 상황에서 긍정적인 상황을 찾는 연습을 해야 한다.

몇 년 전 캐나다의 기업가이자 동기부여가인 브라이언 트레이시가 한국을 방문한 적이 있다. 국내의 한 기업에서 그를 초청해서 직원들을 대상으로 강의를 열었다. 그는 기업가, 동기부여가로도 유명하지만 당시 수억 원에 달하는 강의료가 화제가 되면서 더욱 유명해졌다. 그는 그 수억 원짜리 강의에서 이런 말을 한다.

"모든 상황에서 긍정적인 상황을 찾아야 한다."

– 브라이언 트레이시, 동기부여가 –

어떻게 모든 상황을 긍정적인 상황으로 받아들일 수 있느냐고 반문할 수도 있다. 하지만 아무리 어려운 일이라도 조금만 그 상황을 객관적으로 바라보면 분명히 긍정적인 부분이 있으니, 모든 상황에서 긍정적인 면을 찾으라고 조언한다. 집에 불이 나서 집이 다 타버린다고 해도 "괜찮아, 어차피 이사하려고 했어", 차를 도둑맞아서 당장 탈 차가 없어진다고 해도 "괜찮아, 재떨이가 꽉 차 있어서 귀찮았어", 회사에서 해고를 당해서 내일부터 일을 할 수 없게 되었을 때도 "괜찮아, 어차피 하는 일이 마음에 안 들었어"와 같이 모든 상황에서 긍정적인 요소를 생각해야 한다고 한다. 물론 과장을 해서 표현한 말이고, 정작 본인도 그런 상황이 되면 그렇게 생각하기란 쉽지 않을 것이다. 하지만 그가 말하고 싶은 것은 어차피 일어난 일을 돌이킬 수 없다면 지나간 일에 집착하지 말고 앞으로 어떻게 해야 할지를 고민해야 한다는 것이다. 그리고 다음과 같은 말도 한다.

"부정적인 사람은 항상 비난할 누군가를 찾고, 긍정적인 사람은
항상 어떻게 할지를 고민한다."

– 브라이언 트레이시, 동기부여가 –

부정적인 사람은 이미 지나가버린 과거를 후회하면서 과거에 집착한다. 그래서 그 과거에서 벗어나지 못하고 항상 그 속에 갇혀 있기 때문에 발전할 수 없다. 하지만 긍정적인 사람은 어차피 이미 일어난 과거의 일에 매달리지 않고 본인이 앞으로 어떻게 할 것인지에 대해 집중한다. 그리고 실제 본인이 행동할 수 있는 것부터 실행에 옮긴다.

본인의 힘으로 되돌릴 수 있는 것이 아니라면 지나간 일에 집

착해봐야 아무런 소용이 없다. 이미 되돌릴 수도 없는 일에 신경을 쓰면서 에너지를 낭비해봐야 달라지는 것은 아무것도 없다. 쓸데없는 데 에너지를 낭비하지 말고 그 에너지는 이 상황을 극복하기 위해 고민하고 행동하는 데 사용해야 한다. 이것이 긍정적인 사람, 즉 성공한 사람들이 가지는 비밀 습관이다.

브라이언 트레이시의 말처럼 불평불만만 하지 말고, 지금부터라도 모든 상황에서 긍정적인 요소를 한번 찾아보자. 절망적인 상황에서도 긍정적인 시선으로 보면 분명히 희망적인 상황을 발견할 수 있다.

일본의 아오모리 현은 일본에서 생산되는 사과의 50% 이상을 차지하는 일본 최대의 사과 생산지이다. 그런 사과 생산지에 강력한 태풍이 몰아닥쳐 재배한 사과의 90%를 판매할 수 없는 상황이 되었다. 모두가 망연자실할 수밖에 없는 절망적인 현실이지만 어느 과수원의 한 청년은 그 가운데서도 희망을 보았다. 모든 사람들이 떨어진 90%의 사과를 보며 하늘을 원망하고 있을 때, 그는 떨어지지 않고 매달려 있는 10% 사과에 주목한 것이다. 거센 태풍을 이겨내고 끈질기게 매달려 있는 사과는 보통 사과와는 다른 특별한 사과로 생각되었다. 이 청년은 입시철이 다가오는 시기를 공략해서 10%의 살아남은 사과를 '합격사과'라고 이름을 붙이고 기존 사과 가격에서 10배 이상의 가격으로 시장에 내어놓았다. 합격사과는 기존 사과의 10배 이상의 가격임에도 불구하고 불티나게 팔리면서 오히려 더 큰 이익을 내게 된다.

이렇듯 똑같은 상황에서 누군가는 절망을 하지만 누군가는 희망을 발견한다. 물이 반쯤 담긴 컵을 보고 누군가는 "물이 반밖에 없네"라고 하지만 누군가는 "물이 반이나 차 있네"라고 한다. 이런 현상을 프레이밍(Framing) 효과라고 한다. 즉, 똑같은 현상을 어떤 시각으로 바라보느냐에 따라 해석이 달라진다는 것이다. 물론 이처럼 극단적인 상황에서 긍정적인 면을 찾기란 쉽지 않다. 그러나 모든 상황은 내가 생각하기에 따라 얼마든지 희망적인 상황으로 바뀔 수 있다.

성공한 사람들이나 전문가들은 자신에게 일어나는 부정적인 일들은 모두 본인이 그동안 부정적인 태도로 인생을 살아왔기 때문에 발생하는 것이라고 한다. 긍정적인 생각만 한다면 부정적인 상황은 절대 발생하지 않는다고 말이다. 사실 그들에게는 더 이상 부정적인 상황이란 존재하지 않는다. 그들에게도 분명 힘들고 어려운 상황이 발생하겠지만 그러한 상황에서도 그들은 긍정적인 요소를 찾고 희망적인 요소를 발견하기 때문에 부정적으로 인식하지 않는 것이다.

우리도 아오모리 현의 과수원 청년처럼 모든 상황을 긍정적으로 보려고 노력해보자. 그러기 위해서는 매사에 감사하는 마음을 가져야 한다. 사실 세상에는 감사할 일이 너무나도 많다. 우선 아침 일찍 일어나 우리 동네를 청소해주시는 감사한 분들도 계시고, 우리를 편안히 학교로 데려다주시는 고마운 버스 기사님도 계신다.

당연하다고 생각되는 일상의 모든 것에 감사하는 마음을 가져보자. 당신이 편안하게 생활할 수 있게 해주고 당신보다 먼저 일어나서 아침을 해주시는 부모님께도 감사의 마음을 전해보자. 그리고 길을 지나갈 때도 청소하시는 분이 계시면 감사하다고 말하고 버스를 타고 내릴 때, 식당에서 밥 먹을 때 등등 모든 상황에서 감사의 뜻을 표현해보자. 그렇게 작은 일부터 감사의 마음을 가지다 보면 세상을 대하는 자신의 태도가 조금씩 달라지기 시작할 것이다. 그러면서 자신의 인상이나 태도에 변화가 생기고 주위에 사람들이 모여들기 시작한다. 그리고 그 속에서 또 다른 기회를 잡을 수 있다.

성공한 사람들은 대부분 긍정적인 생각을 한다. 그리고 매사에 감사하고 겸손한 태도로 살아간다. 성공하고 여유가 있어서 그런 것 아니냐며 반문을 할 수도 있겠지만, 대부분의 성공한 사람들은 원래부터 긍정적이고 도전적인 사람이 많이 있다. 성공해서 긍정적인 태도를 가진 것이 아니라 긍정적인 태도를 가진 사람이 성공한다.

아무리 힘들고 부정적인 상황일지라도 자신이 긍정적으로 생각하면 긍정적인 상황이 된다. 브라이언 트레이시의 말처럼 모든 상황에서 긍정적인 면을 찾자. 그의 말처럼 지나간 일에 집착하지 말고 자기가 원하는 것을 어떻게 얻을지에 대해, 또 내가 앞으로 어떻게 나아갈지에 대해 집중하면 된다. 그러면 항상 좋은 일만 일어날 것이 분명하다.

돈에 대한 인식을
바꿔야 한다

과연 돈이란 것은 좋은 것일까? 나쁜 것일까? 나는 강의를 할 때 한번 씩 이 질문을 던져본다. 그러면 대부분의 사람들은 당연히 돈이 좋다 고 대답한다. 나도 돈이 좋다는 생각에 전적으로 동의한다. 돈은 정말 좋은 것이다. 돈이 많이 있으면 내가 원하는 것이나 하고 싶은 것을 무엇이든 할 수 있을 것 같다. 생각만 해도 짜릿하다. 하지만 이 질문 을 살짝 바꾸어 다음과 같이 질문하면 전혀 다른 결과가 나타난다.

"돈 많은 사람은 좋은 사람인가요? 아니면 나쁜 사람인가요?"

그러면 웅성거리기 시작한다. 나는 다시 질문을 던진다.

"재벌은 좋은 사람인가요? 나쁜 사람인가요?"

그러면 아이러니하게도 다음과 같은 대답이 돌아온다.

"나쁜 사람이요."

"재벌은 다 나빠요."

왜 이런 결과가 나타나는 것일까?

우리는 모두 돈을 좋아한다. 나도 그렇게 생각하고 다른 사람들에게 물어봐도 모두 돈을 좋아한다. 근데 이상하게도 돈 많은 사람에 대한 생각만큼은 조금 다른 것 같다. 돈 많은 사람을 싫어하고, 나쁜 사람으로 생각하고 있다.

그래서 다시 한 번 질문을 해본다.

"그렇다면 여러분들은 돈 많은 자산가나 재벌이 되기 싫은가요?"

그러면 더 아이러니하게도 다들 재벌이 되고 싶다고 대답을 한다.

돈 많은 사람을 나쁜 사람으로 생각하면서, 정작 본인은 그 나쁜 사람이 되고 싶다고 이야기한다. 이 아이러니한 상황을 어떻게 해석할 수 있을까?

돈 많은 사람들, 재벌. 과연 그들은 정말 나쁜 사람들인가? 왜 우리는 돈을 많이 가지고 싶다고 생각하면서, 정작 돈이 많은 사람들은 나쁜 사람이라고 생각할까? 생각해보니 어렸을 적부터 우리가 봐온 동화 역시 돈이 많은 인물을 나쁜 사람으로 묘사하고 있다. 돈 많은 놀부는 나쁜 사람이고, 가난한 흥부는 착한 사람이다.

나는 이 현상에 큰 문제점이 있다고 생각한다. 돈을 모두가 좋아하는 것은 부정할 수 없는 사실이다. 하지만 우리가 돈이 많은 사람에 대해 다소 부정적인 생각을 가지고 있다는 것은 돈을 많이 가지는 사람이 되는 것에 대해 거부감을 가지고 있는 것이 아닌가 생각한다. 즉, 우리는 스스로 그 좋은 돈을 거부하고 있다. 그리고 자기 자신에 대해서도 이렇게 생각한다.

'20대에 연봉 5천만 원 이상의 돈을 번다는 것은 무리야.'

'돈은 조금씩 모으는 것이지 한꺼번에 많이 벌 수 없어.'

'만약 한꺼번에 돈을 많이 벌어들인다면 부정적으로 돈을 버는

것이야.'

'갑자기 많은 돈이 생기면 사람이 나쁘게 변해.'

남들은 아무 말도 하지 않았는데 스스로 돈을 많이 가지는 것에 대해 부정하고 있다. 자신의 마음 한구석에 돈에 대한 한계를 그어놓고 있는 것이다.

나는 자동차를 매우 좋아한다. 그래서 평소 인터넷을 통해 가장 많이 보는 기사가 바로 자동차에 관한 것이다. 그중에서도 한 대에 1억 이상 하는 고가의 차량과 관련된 기사를 즐겨 보는데, 자동차 관련 기사를 볼 때면 특히 억대의 슈퍼카나 럭셔리 자동차에 대한 기사 밑에는 꼭 이런 댓글이 달리는 경우를 볼 수 있다.

'내가 왜 이런 기사를 보고 있는지 모르겠다', '버스는 왜 이리 안 오나?', '다음 생에는 이런 차를 타볼 수 있을까?', '평생 타볼 수 없어, 눈으로만 호강하고 갑니다' 등의 댓글이 항상 달려 있다. 모두가 그렇게 화려하고 럭셔리한 차에 대한 관심을 가지고 기사를 보고 있지만, 정작 자신은 절대 그렇게 비싼 자동차를 소유할 수 없다고 생각한다. 한 대에 수억 원에 이르는 자동차를 평생 동안 절대로 소유할 수 없는 것일까? 내가 슈퍼카를 타고 다닐 수 있는 확률은 정말 제로일까? 그건 절대 아니라고 생각한다. 아주 미미하더라도 가능성은 언제나 있다고 생각한다. 하지만 사람들은 절대로 그렇게 비싼 자동차를 탈 수 없다고 생각한다.

사실 나 역시 지금까지 그렇게 생각했었다. 학창 시절 공부를 잘해서 의사나 판검사가 되지 못할 거라면 괜찮은 대학교를 졸업하고 좋은 직장에 취직해야 하며 그것이 최고로 잘되는 것인 줄만 알았고 20~30대에는 절대로 외제차를 타고 다닐 수 없다고 생각했다. 또한 정당하게 월급 받아 일을 해서는 절대로 40세가 되기 전에 내 집을 마련할 수 없다고 생각했었다. 연봉 1억 이상이 되려면 적어도 40대 후반이 되어야만 가능한 것일 줄로만 알았다. 정당하게 사는 사람은 부를 많이 창출할 수 없다고 믿었고, 부를 많이 창출하기 위해서는 부정한 행동이나 방법을 사용해야만 하는 것으로 믿었다. 그렇지 않은 사람들이라면 학창 시절 정말 공부를 잘했어서 의대나 법대를 졸업했거나 부모를 잘 만난 금수저라고 생각했다. 그러고는 나도 그들처럼 좋은 부모를 만나지 못한 것을 한탄하면서 현재 나의 상황을 부모 탓, 사회와 나라 탓만 하고 있었다. 나 스스로 돈에 대한 거부감과 부정적인 생각을 가지고 있었던 것이다.

하지만 사회생활을 하면서 실제로 돈이 많은 사람들을 만나보고 그들과 이야기를 나누어보니 모두가 금수저는 아니었다. 물론 부모 잘 만나서 별 노력도 하지 않고 편안하게 생활하고 있는 금수저도 분명히 있다. 하지만 내 생각과 다르게 금수저는 일부에 불과했고, 대부분의 사람들이 본인의 능력으로 자신만의 부를 창출한 경우가 많았다. 심지어 그들은 돈이 많다고 거만하지도 않았고, 남을 깔보지도 않았다. 모두가 다 나 스스로의 편견에 불과했던 것이다. 그들은 그들 나름대로 피땀을 흘리고 노력해서 지금의 부와 명예를 얻었고, 또 부와 명예를 유지하기 위해서 현재도 많은 노력을 하고 있다. 절대 누구를 탓하거나 다른 핑계를 대지 않았다.

그제야 나도 깨닫게 되었다. '돈 많은 사람을 나쁜 사람으로 생각하고 있었구나', '내가 스스로 돈을 거부하고 있었구나' 이렇게 깨닫고 난 이후부터 돈이 많은 사람들을 보니 그들은 나쁜 사람이 아니었다. 모두 대단한 사람들이었다.

나쁜 사람인 줄만 알았던 재벌들의 모습을 다시 돌이켜보니 정말 대단한 사람들이었다. 그들은 국가에 막대한 세금을 내어서 국가를 운영하는 데 지대한 역할을 하고 있다. 또한 일자리를 창출해서 나와 친구들을 비롯한 일반 사람들이 편안하게 생활할 수 있는 경제활동의 환경을 만들어준다. 그리고 다양한 사회공헌활동을 통해서 생활하기 어려운 취약계층을 돕거나 지역사회에 복지시설을 만들어주는 등 자사의 직원이 아닌 일반 사람들을 위해서도 좋은 일을 많이 하고 있다.

물론 일부 재벌은 세금을 조금이라도 적게 내기 위해서 편법을 사용하기도 하고 본인의 지위를 이용해서 부당한 요구를 하는 경우도 있다. 언론에서는 좋지 않은 점이 이슈화되다 보니 탈세를 일삼는 모습이나 창출하는 이익에 비해 베푸는 정도가 적다며 비난받는 모습들이 부각되어 재벌들의 이미지가 그렇게 나쁠 수밖에 없었던 것 아닐까.

재벌 외에 돈이 많은 일반인도 마찬가지이다. 그들은 자신이 어떻게 많은 부를 창출할 수 있었는지에 대한 본인만의 노하우를 책이나 매체를 통해 공유하고 있고, 다른 사람들도 부자가 되기를 바라는 마음을 가지고 있다. 또한 자신이 벌어들인 수익을 자신만을 위해 쓰지 않는다. 자신보다 어려운 사람들을 위해 기부하고, 자선 단체를 설립하고 또는 그런 단체들을 후원하는 사람들이 대부분이다.

돈이 많은 사람들은 우리의 생각보다 그렇게 나쁜 사람들이 아니다. 모두 그들 나름대로 좋은 일을 하고 있다. 우리나라 속담에 '사돈이 땅을 사면 배가 아프다'라는 말이 있다. 그래서 그런지 우리나라 사람들은 돈 많은 사람들을 보면 괜히 배가 아프다. 왠지 그 사람의 이미지를 실추시켜야 내 배가 조금은 덜 아플 것 같은 생각이 든다. 그렇기 때문에 시기하고 질투하기 바쁘다.

실제로 주위에서 부자를 보거나 누군가가 갑자기 돈을 많이 벌었다는 이야기를 들으면 그를 보고 대단하다고 생각하기보다 재산 증식 과정을 의심하기 시작한다. '부모를 잘 만나서 숨겨진 땅을 물려받아서 그럴 거야,' 아니면 '분명히 투기를 했거나 부정한 행위로 돈을 많이 벌었을 거야' 그것도 아니면 '실력이 아니고 운이 좋아서 그런 거야' 등 절대 그 사람의 노력과 성과를 인정하지 않는다.

이렇게 우리들은 어리석게도 자신보다 더 나은 사람이 나타나면 그 사람의 약점을 찾기 마련이다. 그래서 서로 헐뜯고 비난하기 바빠진다. 정말 속담처럼 예전부터 있었던 우리 한국인들의 습성인지도 모르겠다. 그래서 언론들도 재벌과 부자들의 나쁜 이미지를 부각시키고 있는지 모른다.

이제 우리는 부자와 돈에 대한 부정적인 인식을 조금 바꿀 필요가 있다. 돈이 많다는 것은 정말 좋은 것이다. 돈이 많이 있으면 내가 원하는 것을 가질 수도 있고, 내가 원하는 곳에 내가 같이 가고 싶은 사람과 함께 여행을 갈 수도 있고, 내가 정말로 좋아하는 맛있는 음식을 실컷 먹을 수도 있고, 내가 사랑하는 사람에게 무언가를 선물해줄 수도 있고, 나와 내 가족이 아프고 불편한 곳을 치료할 수도 있고, 남들이 하지 못한 신비한 체험도 해볼 수 있고, 어려운 사람을 도와줄 수도 있고, 그런 사람들을 도와주면서 사회적으로 인정을 받을 수도 있다. 돈이 많으면 이것보다 훨씬 더 좋은 일들을 많이 할 수 있다. 그러니 돈은 좋은 것이다. 다만 돈에 대한 욕심이 화를 부르기 때문에 조심하라는 것이지, 돈이 많은 것 자체는 너무나도 좋은 것이다.

'돈은 좋은 것이다.'

'돈을 많이 가지는 것은 좋은 것이다.'

'돈이 많은 사람은 좋은 일을 할 가능성을 많이 가진 사람이다.'

지금부터라도 이렇게 자신에 대한 한계를 넘어서고, 돈과 부자들에 대한 부정적인 인식을 바꾸는 것이 중요하다. 그래야 더 큰 가능성이 찾아오지 않을까 생각한다.

긍정의
힘

원하는 것을 얻기 위해서 선행되어야 할 기초공사 중 가장 중요한 것이 바로 자신에 대한 믿음이다. 할 수 있다는 강력한 믿음 없이 우리는 아무것도 할 수 없다. 어떤 일을 추진할 때, 된다는 믿음과 각오로 일을 진행해도 꼭 성공하리라고는 누구도 확신할 수 없다. 그런데 시작하기도 전에 불안함을 갖고 성공하기 어려울 거라고 생각해서는 절대로 성공할 수 없다. 된다는 긍정적인 생각으로 일을 추진해야 자신이 가진 능력을 최대한 발휘하기 위해 노력할 수 있다. 되지 않는다고 생각하면 어차피 시간 낭비로 여겨지기 때문에 과정을 진행함에 있어 자신이 가진 역량을 모두 발휘하지 않는다. 그만큼 자신의 마음가짐이 무엇보다도 중요하다. 이번 장에서는 사람들의 말과 생각의 힘이 얼마나 강력한지, 또 그 말과 생각에 따라 상황이 어떻게 바뀌는지, 결국 자신의 마음가짐이 얼마나 중요한지에 대해서 이야기하고자 한다.

현대그룹의 창업자인 故 정주영 회장은 다음과 같은 말을 남겼다.

> "나는 어떤 일을 시작하든 반드시 된다는 확신 90%에 되게 할
> 수 있다는 자신감 10%로 완벽한 100%를 채우지, 안 될 수도 있다
> 는 회의나 불안은 단 1%도 끼워넣지 않는다."
>
> — 故 정주영, 현대그룹 창업자 —

그는 무슨 일을 하든지 자신이 하는 모든 것은 100% 된다는 확신으로 임했다. 이런 마음가짐이 있었기 때문에, 설계도 한 장 없이 세계 최고의 조선소를 세울 수 있었고, 중동에 대한민국 건설바람을 일으킬 수 있었다. 물론 그도 불안감이 없진 않았겠지만, 끊임없이 불안한 상황을 긍정적인 상황으로 바꾸는 일을 해왔을 것이다.

일을 진행하다 보면 내가 원하는 방향과 정반대 방향으로 진행되는 경우가 수도 없이 많다. 모든 것들은 내 마음대로 다 되지 않는다. 하지만 그럴 때 다시 내가 원하는 방향으로 바꿀 수 있는 방법을

강구하면 된다. 하지만 대부분의 사람들은 방법은 찾지 않고 마음대로 되지 않는다고 불평불만을 터트릴 뿐이다. 오히려 일어나지도 않은 상황에 대한 걱정으로 불안해하고 자신의 성공을 의심한다. 그리고 일이 잘못되거나 실패로 돌아가면 그럴 줄 알았다며 자책하고, 그 책임을 묻기 위해 누군가를 찾아 비난한다. 하지만 실패한 이유는 다른 데 있지 않다. 본인의 성공에 대한 의심이 바로 실패를 불러왔을 뿐이다. 문제가 생기면 해결하면 되고, 내가 선택한 방법이 통하지 않는다면 다른 방법을 찾으면 된다. 자신감과 확신만 있으면 새로운 길은 항상 내 눈앞에 나타난다. 그러니 우리는 무슨 일을 할 때, 부정적인 의심과 걱정을 버리고 항상 긍정적인 믿음과 확신으로 일을 진행해야 한다.

옛 속담에 '말이 씨가 된다'는 말이 있다. 말하는 대로 이루어질 수 있으니 말을 조심하라는 의미이다. 말과 생각의 힘을 우리 조상들은 일찌감치 알고 있었던 것이다. 말의 힘에 대해서는 다음 실험을 통해 확인할 수 있다. 모 프로그램에서 한글날 특집으로 단어 연결 능력을 측정하는 실험을 진행했다. 참가자들에게 특정 단어를 보여주고 단어를 연결하여 문장을 만들라고 했다. 하지만 사실 이 실험은 단어 연결 능력을 측정하는 실험이 아니라 특정 단어를 보기 이전과 보고 난 이후의 걸음걸이 속도를 측정하는 실험이었다. 실험은 두 그룹으로 나누어 진행되었다. A그룹에게는 늙은 이미지가 떠오르는 부정적인(황혼, 휠체어, 정년, 연금 등) 단어를 보여주었으며, B그룹에게는 젊고 활기찬 이미지의 긍정적인 단어(젊음, 패기, 도전, 가능성 등)를 보여주었다.

실험 후 그 결과는 매우 놀라웠다. 실험에 참가한 두 그룹의 걸음 속도에 확연한 차이가 난 것이다. 40m를 걸어가는 동안 나이 들고 부정적인 단어를 접한 A그룹 참가자는 단어를 보기 전에 비해 보고 난 이후의 걸음걸이가 2초 느려졌다. 반면 활기차고 긍정적인 단어를 보았던 B그룹 참가자의 걸음걸이는 빨라졌다. 같은 구간을 지나갈 때 단어를 보기 전보다 본 이후가 2초 더 빨랐다. 결론적으로 사람들은 단순히 단어를 보고 그 단어가 가진 의미를 생각하는 것만으로도 자신의 행동에 영향을 받을 수 있다는 것이다. 나이 들고 부정적인 단어를 본 사람은 자신이 보았던 단어처럼 행동도 느려졌으며, 젊고 활기찬 단어를 본 사람 역시 자신이 보았던 단어와 같이 행동도 활기차게 바뀌었다. 이는 자신의 말과 생각이 자신의 행동에 지대한 영향을 끼치고 있다는 말이다. 그만큼 본인이 보고, 말하고, 접하는 단어나 말의 힘은 대단하다.

심지어 긍정적인 단어와 부정적인 단어는 사람이 아닌 사물에게도 영향을 준다. 일본의 괴짜박사로 잘 알려진 에모토 마사루 박사는 본인의 저서 〈물은 모든 것을 알고 있다〉에서 물에 대한 재미난 실험 결과를 공개하였다. 똑같은 물을 두 개의 물병에 담고 물의 결정을 현미경으로 관찰하였다. 첫 번째 물병에는 '사랑한다', '고맙다' 등의 긍정적인 단어를 붙였고, 두 번째 물병에는 '미워한다', '증오한다' 등의 부정적인 단어를 붙였다.

현미경으로 관찰한 결과 두 물병에 들어 있는 물의 결정에 차이가 관찰되었다고 한다. 긍정적인 단어가 쓰인 첫 번째 물병에 담긴 물에서는 육각형의 예쁜 결정이 관찰된 반면 부정적인 단어가 쓰인 두 번째 물병에서는 깨지고 보기 싫은 결정이 관찰되었다고 한다. 더 놀라운 사실은 병에 써 붙인 단어를 일본어에서 영어, 독일어, 프랑스어, 한국어 등 세계 각국의 언어로 실험했을 때도 똑같은 결과가 나왔다고 한다. 긍정적인 단어와 부정적인 단어가 물의 결정에 커다란 영향을 끼친다는 것이다. 정말 물은 모든 것을 알고 있는 것일까?

이것에 사실이라면 우리는 이 실험의 결과를 조금 심각하게 받아들일 필요가 있다. 바로 사람의 몸은 70%가 물로 이루어져 있기 때문이다. 부정적인 말이나 생각이 물의 결정에 영향을 끼친다는 것은 물로 이루어진 우리 몸에도 분명히 무언가 이상 현상을 발생시킬 수 있음을 뜻한다. 다시 말하자면 부정적인 말과 생각을 하면 우리 몸 상태는 비정상적인 상태가 될 수 있다는 말이 된다. 우리가 평소 말과 생각을 긍정적으로 해야 하는 이유가 바로 여기에 있는 것이다.

긍정적인 생각을 통해 본인의 인생을 바꾼 운동선수가 있다. 바로 2008년 베이징 올림픽 유도 60kg급 금메달리스트 최민호 선수이다. 최 선수는 베이징 올림픽에 출전하기 전부터 이미 세계 최정상급의 실력을 갖추고 있었다. 하지만 그는 세계 대회에서 우승을 한 적이 한 번도 없다. 베이징 올림픽 전까지의 크고 작은 대회에서 모두 3등을 차지했다. (부산 아시안게임 동메달, 아테네 올림픽 동메달, 파리 오픈 동메달, 아시아 선수권 대회 동메달) 이로 인해 만년 3등이라는 징크스에 시달리고 있었다.

당시 유도 국가대표 감독 안병근은 세계 최정상의 실력을 가진 최민호 선수가 각종 대회에서 충분히 우승을 할 수 있는 실력의 선수임에도 불구하고 왜 대회에서 우승하지 못하는지 그 이유에 대해 분석을 하기 시작했다. 그리고 최민호 선수의 실력이 부족해서가 아니라 3등이라는 트라우마로 인해 '이번에도 3등을 하겠지'라는 본인의 생각에 사로잡혀 우승을 하지 못하는 것이라는 결론을 내렸다.

안병근 감독은 운동을 하는 대신 최민호 선수의 머릿속에 숨어 있는 3등 트라우마를 지우기 위한 마인드컨트롤과 이미지트레이닝을 진행했다. 최민호 선수는 매트에서 구르는 대신 조용한 방에 앉아서 전문가의 지시에 따라 머릿속에 긍정적인 이미지를 그리는 것을 연습했다. 시합에서 항상 이기는 생각, 대회에서 우승하는 생각을 하면서 그 순간 느낄 수 있는 감각을 상상했다. 그 결과 세계인의 축제인 올림픽 무대에 출전하여 그 전까지 한 번도 걸어보지 못했던 금메달을 목에 걸게 된다.

이처럼 긍정적인 상상이나 기대는 우리의 관점을 좌우하고 행동을 변화시켜 최민호 선수와 같이 긍정적인 결과를 가져오게 한다.

몇 년 전 한참 유행했던 책이 하나 있다. 바로 론다 번의 〈시크릿〉이다. 이 책의 내용은 아주 단순하다. 무언가 간절히 원하면 우주의 법칙을 통해 원하는 것이 이루어진다는 것이다. 혹자는 이런 현상을 끌어당김의 법칙이라고 한다. 과연 정말 무언가를 간절히 원하면 이루어지는 것일까? 나는 개인적으로 기계공학을 전공한 공학도로서 과학적인 법칙이나 다양한 방법으로 증명된 이론이 아니거나 내가 직접 경험한 것이 아니면 믿지 않는다. 그래서 무언가를 간절히 원했을 때, 그것이 분명히 이루어진다고는 확신하지 않는다. 하지만 무언가에 대해 의심하고 부정적인 생각을 가진 채로는 절대로 자신이 원하는 결과를 얻을 수 없다는 것에는 전적으로 동의한다.

우리가 평소 생활을 하면서 느끼는 불길한 예감은 항상 좋지 않은 결과를 가지고 온다. 이는 한 번도 어긋난 적이 없다. 그것은 론다 번이 이야기한 것처럼 우리의 불길한 생각이 불길한 상황을 끌어당긴 것이다. 부정적인 생각이나 나쁜 생각은 나쁜 상황을 가져오기도 하지만 그보다 먼저 우리의 기분을 나쁘게 하고 불안하게 한다. 그러니 이미 일어나지도 않은 일에 대해 걱정하거나 일부러 부정적인 생각을 할 이유가 없다. 긍정적인 생각만으로도 해야 할 생각들이 너무나도 많다. 그러니 굳이 부정적인 생각을 하면서까지 시간을 낭비할 이유가 없다. 간절히 원하면 이루어진다고 하지 않는가. 그러니 매사에 감사하고 긍정적인 마음으로 생활해야 한다. 그러면 적어도 내가 원하는 상황을 모두 마주할 수 있진 않아도, 내가 원하지 않는 상황은 피할 수 있다.

　　당신의 능력과 가능성은 무한하다. 당신 스스로 자신의 능력과 가능성에 한계를 그어버리면 절대로 그 이상으로 도약할 수가 없다. 그러니 당신의 능력과 가능성에 한계를 두지 말고 된다는 확신과 믿음으로, 그리고 할 수 있다는 자신감으로 매사 긍정적인 태도와 행동으로 임했으면 한다.

웃음의
효과

"행복해서 웃는 게 아니라 웃어서 행복한 것이다."

미국의 철학자 윌리엄 제임스가 남긴 말이다. 누구나 옆 사람이 신나게 웃고 있으면 자기도 신이 나는 경험을 해보았을 것이다. 물론 비웃음이나 웃으면 안 되는 상황에서의 웃음은 예외가 되겠지만, 웃는 사람 옆에 있거나, 다른 사람이 웃는 모습을 가만히 보고 있기만 해도 덩달아 같이 웃음이 나오고 기분이 좋아진다.

웃음은 이렇게 긍정적인 에너지를 전파하는 기능이 있다. 주위 사람을 기분 좋게 하며 딱딱하고 무거운 분위기를 부드럽게 만든다. 하지만 웃음의 효과는 이것만이 전부가 아니다. 우리가 생각하지 못했던 엄청난 효과가 있다고 한다. 바로 우리 건강과 관련된 효과이다.

다양한 실험을 통해 웃음이 우리의 건강에 미치는 긍정적인 효과가 많이 증명되었다. 먼저 웃으면, 웃는 것 자체로 운동 효과가 있다. 한 번 크게 웃으면 신체의 650개 근육 중 231개 근육이 움직이게 되고, 80개의 얼굴 근육 중 15개가 움직인다. 이는 에어로빅을 5분 동안 한 효과와 비슷하다고 한다. 미국 스탠퍼드 대학의 윌리엄 프라이 박사도 웃음의 운동 효과를 설명했다. 20분 동안 웃는 것은 3분 동안 격렬하게 노를 젓는 것과 비슷한 운동량이라고 정의했다. 너무 크게 웃으면 웃다가 배가 아픈 경험을 하게 되는 경우가 있다. 실제로 웃음으로 인해 복근이 생길 수도 있다는 말이다.

또한 웃고 나면 우리 몸에 면역력이 증가해서 각종 질병을 예방할 수 있다는 연구 결과도 있다. 미국 UCLA 병원의 프리드 박사는 하루에 45분을 웃으면 고혈압, 스트레스 등 현대적인 질병 치료가 가능하다고 주장하였다. 실제 실험을 통해 폭소 비디오를 본 사람들의 혈액을 조사한 결과 비디오를 보기 전보다 비디오를 시청한 후 실험 참가자의 몸속에 병균을 막는 항체가 200배 증가하였다고 한다. 또 미국의 볼메모리얼 병원에서는 하루에 15초씩 웃으면 수명이 2일 더 연장된다고 설명한다. 자주 웃는 사람은 질병에 대한 면역력과 스트레스를 이겨내는 힘이 강해지고 또 그로 인해서 수명까지 연장

된다.

반면에 화를 낼 때는 몸 안에서 독소가 만들어진다고 한다. 엘머 게이츠 박사는 만일 한 사람이 한 시간 동안 계속 화를 낸다면 80명을 죽일 정도의 독소가 만들어진다고 주장했다. 그리고 화를 많이 내거나 욕을 많이 하는 사람의 치아가 그렇지 않은 일반적인 사람의 치아보다 더 빨리 썩는다는 의견도 있다.

자신의 몸에 스스로 독소를 만들어 서서히 병들어가는 화, 항체와 근육을 만들어 자신을 더욱 건강하게 살리는 웃음. 이왕이면 몸에 독소를 만들기보다 웃음을 통해 몸속에 항체를 만들자.

일부러 웃는 억지웃음 역시도 진짜 웃음과 같은 효과가 있다고 한다. 그러니 인상을 찌푸리고 있거나 불평만 하지 말고 억지로라도 웃자. 그렇게 억지로라도 웃으면 기분이 좋아진다. 아니면 재미난 영상을 찾아 보면서 내 안의 기분을 긍정적인 상태로 만들어보자. 그 기분이 자신을 훨씬 더 자신감 있게 만들어줄 것이다.

그리고 보면 우리는 정말 잘 웃지 않는다. 특히 대한민국 남자들은 절대 쉽게 웃음이나 미소를 보이지 않는다. 웃긴 상황에서도 일부러 웃음을 드러내지 않는다. 이는 우리의 사회적인 문화가 이렇게 만들었다고 생각한다. 웃음이 많은 남자는 진중하지 못하고 가벼운 사람이라고 생각하고, 인상을 쓰고 있어야 믿음직하고 근엄한 사람이라 생각하는 사회적인 시선이 있다. 그와 더불어 예전부터 유교사상으로 인해 예의범절을 중요시해온 한국은 그 영향으로 남의 시선을 중요시 여기는 양반 기질이 남아 있다. 특히 남성들은 그 양반 기질로 인해 체면을 중요시하고 감정을 드러내는 것을 극도로 싫어한다. 감정을 드러내지 않는 것이 예를 지키는 것이라 생각한다.

　실제 학생들을 대상으로 강의를 진행하면 남학생과 여학생의 반응은 너무나도 다르다. 여학생들은 내가 하는 말에 대답도 잘하고 호응도 많이 해주는 반면 우리 남학생들은 아무런 표정 변화도 없고 무언가를 물어봐도 대답이 없다. 경품이 걸린 퀴즈에만 혈안이 되어 적극적으로 덤벼들 뿐이다. 여기에 학부모님들은 상황이 훨씬 심각하다. 우리 어머님들, 특히 50대 이상의 어머님들은 여학생들보다 훨씬 호응도 잘해주고 공감도 잘해주신다. 하지만 문제는 바로 우리 아버님들. 남학생들보다 더 딱딱하다. 웬만해선 표정 변화를 알아차리기 쉽지 않다. 그렇다고 내 강의를 듣지 않는 것도 아니다. 눈을 맞춰가면서 듣고 계시면서도 호응은 안 해주신다. 경품이 걸린 퀴즈에도 별 미동이 없으시다. 그래서 남성보다 여성이 훨씬 더 오래 사는지도 모른다. 이렇게 체면을 차리려고 인상만 쓰고 있다가는 결국 자신의 몸속에 항체 대신 독소만 생성시킬 뿐이다.

그러니 웃어야 할 때는 웃자. 웃기가 민망하다면 작은 미소라도 띠워보자. 그로 인해 기분 좋은 감정도 느낄 수 있고, 암도 예방하고 수명도 늘릴 수 있다. 건강한 정신과 몸을 모두 가질 수 있다는데 웃지 않아야 할 이유가 하나도 없다. 이제는 체면을 버리고 일부러라도 웃어보자. 물론 웃지 말아야 하는 상황을 잘 판단해야 하겠지만 그런 상황이 아니고서는 많이 웃어서 건강도 찾고, 삶의 활기도 찾고 긍정적인 에너지도 보충하자.

행복해서 웃는 것이 아니다. 웃기 때문에 행복한 것이다.

옷매무새
다듬기

무언가를 이루기로 결심했다면 가장 먼저 해야 할 것은 자신을 바꾸는 일이다. 지금까지의 나, 어제의 나와 같아서는 절대 새로운 무언가를 이루기 쉽지 않다. 지금의 나를 내가 목표한 나의 모습으로 바꿀 필요가 있다.

무언가를 이루기로 결심했다는 것은 지금까지의 나의 삶을 조금이라도 바꾸고 싶기 때문이다. 더 나은 내일을 바라지만 내가 먼저 바뀌지 않고서는 아무것도 바꿀 수 없다. 그저 어제와 같은 오늘, 또 오늘과 같은 내일만 계속 반복될 뿐이다.

여러분들이 지금 이 책을 읽고 있다는 것은 무언가 조금 더 나은 삶을 찾고 조금 더 행복한 삶을 살고자 희망했기 때문에, 그리고 그러한 삶을 위해 구체적으로 어떻게 해야 하는지 방법을 찾으려 했기 때문에 이 책을 선택한 것이다. 그러니 가장 중요한 것은 오늘부터 당장 나를 바꾸는 일이다.

　가장 쉽게 나를 바꾸는 방법은 바로 나의 옷매무새를 바르게 가다듬는 것이다. 물론 헤어스타일을 바꿀 수도 있고, 얼굴을 변화시킬 수도 있지만 그러기 위해서는 미용실이나 병원을 가서 비용을 지불해야 한다. 이보다 훨씬 더 쉽게 실행할 수 있는 방법이 옷매무새를 다듬는 일이다. 어차피 우리는 매일 매 순간 옷을 입고 있지 않는가?

　그렇게 매일 입는 옷을 아무 옷이나 아무렇게나 대충 입지 말고 이왕이면 깨끗한 상태로, 깔끔한 상태로 입어보자. 매일 아침 전신거울 앞에 서서 자신의 옷매무새를 바로잡자. 옷뿐만 아니라 매일 신는 신발 역시 깨끗한 상태를 유지하자. 하루 종일 우리를 위해 고생해주는 신발인데 아무렇게나 대우할 수 없다. 항상 깨끗하게 유지하고 함부로 대하지 말자.

　옷은 실제로 엄청난 파워를 가지고 있다. 어떤 옷을 입고 있느냐에 따라서 그 사람의 행동과 사고방식이 결정된다. 우리가 유니폼을 입는 이유도 마찬가지다. 유니폼이나 제복을 입고 있으면 나도 모르게 몸과 마음가짐에 신경을 쓰게 된다. 프랑스의 영웅 나폴레옹 역시 "사람은 그가 입은 옷에 따라 달라진다"라고 하면서 제복의 중요성을 강조했다.

똑같은 사람이 똑같은 상황에 있다고 할지라도 옷이나 매무새에 따라서 마음가짐이 달라진다. 옷이 흐트러져 있으면 마음도 흐트러지게 된다. 칼 주름이 멋지게 잡힌 옷을 입으면 왠지 행동을 똑바로 해야 할 것 같은 마음이 든다. 교복이나 정장을 입고 있어도 마찬가지다. 타이를 매고 있는 것과 타이를 풀고 있는 것에 따라 그 사람의 마음가짐은 달라질 수밖에 없다. 풀어진 타이만큼 나의 정신도 풀어진다. 구겨지고 더러워진 옷을 입었을 때와 깨끗하게 잘 다려진 옷을 입었을 때는 기분도 다르다.

훌륭한 군인은 포탄이 터지는 전쟁 중에서도 품위를 잃지 않는다. 매일아침 거울을 보면서 깔끔히 면도를 하고, 오늘의 전투를 위해 옷을 준비한다. '언제 죽을지도 모르는 전장에서 면도는 무슨 면도냐? 어차피 흙먼지 뒤집어쓸 것이 뻔한데, 피로 얼룩질 것이 뻔한데, 옷 입는 것이 뭐가 그렇게 중요하냐? 대충 입으면 되지'라고 할 수도 있겠지만 매일 아침 면도를 하고 자신의 옷매무새를 점검하면서 마음가짐을 가다듬는 것은 오늘의 승리를 준비하는 것이다. 해이한 마음가짐으로는 생사를 다투는 전쟁터에서 절대로 승리할 수 없다.

나 역시 마찬가지다. 매일 아침 거울을 보면서 머리를 매만지고, 잘 다려진 셔츠와 바지를 입는다. 그러고는 잘 손질된 구두를 신고 나온다. 매일 내가 할 수 있는 가장 멋진 모습으로 외출을 한다. 금방 자고 일어나서 모자를 푹 눌러쓰고 슬리퍼를 신고 나올 때와는 마음가짐이 다르다. 아침에 이런 준비 시간을 가지면 훨씬 더 멋진 하루를 가져다준다. 내가 정장을 즐겨 입는 것도 같은 맥락이다. 정장을 입으면 행동거지를 절대로 대충 할 수가 없다. 조금은 불편하지만 그래서 더 멋있어진 기분이 들기도 한다. 점퍼를 입고 나올 때보다 훨씬 더 좋은 일이 많이 일어날 것 같은 느낌이다. 그래서 정장을 자주 입는 편이다. 타이는 특별한 날이 아니면 거의 매지 않지만, 셔츠는 특별히 누구를 만나러 가는 게 아니더라도 매일 입고 나간다. 이제는 셔츠를 입지 않고 거울을 보면 어색한 느낌이 든다.

아침에 잠깐 아이들을 어린이집에 데려다줄 때도 마찬가지다. 어디 다른 데 볼일이 있어 나가는 게 아니라 단순히 아이를 어린이집에 데려다주기 위해서 나가는 것이지만 여느 때와 마찬가지로 머리를 매만지고 셔츠를 입고, 재킷을 걸치고 구두를 신고 나온다. 그렇게 아이와 같이 어린이집을 간다. 사실 우리 아내도 이런 나의 행동을 잘 이해하지 못한다. 뭔 아이를 어린이집에 바래다주면서 저렇게 까지 차려입고 가느냐고 하지만, 나의 생각은 조금 다르다. 잠깐이지만 내 아이가 다니는 어린이집의 선생님을 만나는 것은 생각보다 훨씬 중요한 일이다. 그냥 대충해서 갈 수 있는 상황이 아니다.

어떠한 상황에서라도 나는 내 마음가짐을 바르게 하기 위해서 준비하고 옷매무새를 다듬는다. 비싼 옷을 구매해서 입으라고 하는 것이 아니다. 지금 있는 옷을 모두 바꾸라고 하는 말도 아니다. 평소 입는 내 옷의 옷매무새부터 바로하면서 품위를 유지하자. 옷매무새를 바르게 하면 내 마음도 바르게 변한다. 따라서 행동이나 말투도 조금은 신경 써서 하게 된다. 왜냐하면 나는 이미 이전과 다르게 품위 있는 사람으로 바뀌었기 때문이다.

주변
정리정돈

사람의 의지는 생각보다 약하다. 오늘 무얼 해야겠다고 결심해도 그 것을 지속하기란 결코 쉽지 않다. 그래서 우리는 항상 작심삼일에 그 치는 것이다. 하지만 앞에서 설명했던 프랑스 대통령을 감량하게 한 부르니 효과와 같이 그것을 지속할 수밖에 없는 환경에 놓이게 되면 의지와 상관없이 내가 정한 목표를 향해 지속할 수밖에 없게 된다. 즉 우리는 무언가를 결심하고 나서 그 결심을 지속할 수밖에 없는 환 경, 또는 장치를 마련해야만 한다.

가장 먼저 해야 할 환경 변화가 바로 내가 사용하고 있는 공간 의 정리정돈이다. 정리란 필요 없는 것을 치우는 것을 말하고 정돈이 란 어지럽게 흩어진 것을 가지런히 바로잡는 것을 말한다. 필요 없는 것은 버리고, 필요한 것은 가지런히 바로잡아 그 위치를 다잡는 것을 의미한다. 내가 사용하고 있는 공간이 어지럽게 흩어져 있으면 아무리 내 옷매무새를 깔끔하게 유지한다고 해도 마음가짐이 지속될 수 없다. 내 주변 환경 역시 깔끔하게 유지해야 한다.

나의 단정한 모습은 내가 지속적으로 볼 수 있는 모습이 아니다. 하지만 내 주위 환경은 내가 지속적으로 보는 모습이다. 내가 항상 보고 접하는 내 환경들도 나와 마찬가지로 깔끔하게 유지할 필요가 있다. 지금 이 순간 내 방을 한번 살펴보면 침대 위의 이불은 어지러이 널부러져 있고, 책상은 잡동사니로 덮여 있다. 이렇게 어지러운 환경을 보게 되면 내 마음도 눈에 보이는 환경처럼 흐트러지게 된다.

먼저 자신이 자고 일어난 침대 위의 이불부터 정리해보자. 그리고 내가 사용하는 책상과 서랍을 정리하고, 자신의 방을 정리하자. 자신의 방을 정리했다면, 다른 사람과 함께 사용하는 공용의 공간까지 깨끗이 해보자. 다른 사람도 사용하는 공간이지만, 어차피 나 역시 사용할 공간이라면 직접 정리하고 깨끗한 상태로 유지해보자. 매일 내가 사용하는 공간들을 깔끔하게 유지하면서 나의 마음가짐도 깔끔하게 유지할 수 있다.

미국 9.11 테러의 주범이자 국제적인 테러리스트인 오사마 빈 라덴의 제거 작전을 총지휘한 미국의 해군 대장, 윌리엄 맥레이븐 전 미국 특수작전사령관은 2014년 퇴역을 앞두고 본인의 모교인 텍사스 대학교 졸업식에 참석하여 8천 명의 졸업생 앞에서 연설을 하게 된다. 그는 이 연설에서 다음과 같은 이야기를 한다.

"세상을 바꾸고 싶다면 먼저 자신이 자고 난 침대부터 정리하라."

– 윌리엄 맥레이븐, 전 미국 특수작전사령관 –

그의 텍사스 대학교 졸업식 연설은 유튜브에서도 쉽게 찾아볼 수 있다. 남자가 봐도 정말 멋있는 사람이다. 이제 사회에 첫발을 내딛는 졸업생들에게 한 당부의 말이 고작 자신이 자고 일어난 침대를 정리하라는 것이냐고 의문을 가질 수도 있겠지만 그 작은 임무를 수행하면서 하루를 시작하는 데 나름의 의미가 있다. 침대를 정리하는 단순한 행위 하나가 하루를 좀 더 활기차게 보낼 수 있도록 해주고, 모든 일을 끝내고 집으로 돌아왔을 때, 깔끔하게 정리된 침대를 보면서 만족감을 얻을 수 있다는 것이다. 그러니 세상을 바꾸고자 한다면 자신의 침대부터 정리하라고 한 것이다.

대한민국 남성이라면 누구나 군대를 간다. 일정 기간 동안 의무적으로 군 복무를 마쳐야 한다. 하지만 군 복무를 마친다고 해서 끝이 아니다. 일정 기간 예비군이 되어 나라를 지켜야 한다. 그래서 군 복무를 마치는 것을 퇴역이라고 하지 않고 전역이라고 하는 것이다. 현역에서 예비역으로 전환되는 것이다.

나 역시 대한민국의 남성으로 군대생활을 했고, 전역 후 몇 년 전까지 예비군 동원훈련을 받았다. 1년에 한 번씩, 사회생활을 하다가 잠시 군복을 입고 예비군으로서 군사 훈련을 받는다. 하지만 훈련을 가보면 아주 재미있는 현상을 볼 수 있다. 사회에서 어떤 일을 하던 사람이든지 군복을 입고 군부대에 들어가는 순간 사람들의 행동이 달라진다. 복장은 모두 흐트러지고, 말과 행동이 거칠어진다. 사회에서 사업을 하는 사람이든, 의사이든, 일반 회사원이든 상관없다. 모두가 생활관에 삐딱한 자세로 누워 있다.

사회적 지위나 학벌에 상관없이 군부대에 들어오면 모두가 똑같아진다. 그만큼 주변 환경이 무서운 것이다. 아무리 똑똑하고 능력 있는 사람이라도 해도 예비군 훈련이라는 환경 속에 들어오게 되면 모두 똑같은 사람으로 변해버린다.

이와 같은 사례를 주변에서 많이 찾아볼 수 있다. 동네 골목 길가에 있는 전봇대 밑에 누군가가 한번 쓰레기를 놓고 가버리면 이후 그 전봇대 밑은 쓰레기장으로 변해버린다. 원래 그곳은 쓰레기를 버리는 곳이 아님을 알고 있는 사람이나 평소 쓰레기를 아무데나 버리지 않는 도덕의식이 투철한 사람이나 다른 사람이 거기에 쓰레기를 버리니까 본인이 가지고 있는 쓰레기를 거기에 버리게 되어 있다. 또 환경은 때때로 상황에 따라서 노래를 하기 싫어도 노래를 할 수밖에 없는 환경에 노출이 되면 어쩔 수 없이 노래를 해야 하고, 내 의지와는 전혀 상관없이 물에 뛰어 들어서 누군가를 구해야 되는 상황도 초래하게 된다.

이렇듯 환경에 따라 내 의지와 상관없이 무언가를 하고 있거나, 아니면 하기 싫은 일을 하고 있는 경우가 많이 있다. 내가 속해 있는 환경을 모두 내가 원하는 상태로 바꿀 수는 없다. 하지만, 최소한 내가 사용하는 공간을 조금 더 보기 좋게 바꿀 수는 있다. 나 혼자만 사용하는 공간뿐 아니라 다른 사람과 함께 사용하는 공간일지라도 내가 사용하는 공간이라면 내가 직접 정리정돈하고 청소를 하자. 왜 같이 쓰는 사람은 청소 한번 안 하는데 나는 혼자 해야 하는가 억울하다 생각할 수 있겠지만 어차피 내가 사용해야 하는 공간이라면, 내

방과 같이 생각하고 그곳도 깔끔하게 정리하고 청소하자. 특히 내가 사용하고 있는 공간 중에서 가장 지저분한 곳, 바로 화장실을 깨끗하게 청소해야 한다. 내가 사용하는 공간 중에서 가장 지저분한 곳을 청소하는 것이야말로 내 속에 들어 있는 가장 더러운 부분(나쁜 습관, 생각, 행동)을 깨끗하게 한다는 의미를 부여해볼 수 있다.

나를 변화시키는 가장 첫 번째 단계라고 생각하고 주위 환경부터 깔끔한 상태로 유지하자. 이런 작은 행동이 습관이 되어 쌓이고 쌓이면 분명히 엄청난 결과를 가져오게 될 것이다.

명상을 하는
이유

자기 자신을 바라보고 다스리는 가장 강력한 방법 중에 하나가 바로 명상이다. 명상은 고대부터 내려오는 자기 수련의 방법 중 하나이다. 불교 신자나 힌두교 신자만이 명상을 하는 것이 아니다. 명상은 누구나 쉽게 할 수 있고, 명상의 효과는 여러 연구 결과를 통해 증명되고 있다. 그렇다면 명상이란 과연 무엇일까?

나는 명상 전문가가 아니다. 그렇다고 해서 불교나 힌두교 신자도 아니고, 명상 수련에 참가한 적도 없다. 물론 명상 관련된 교육을 듣거나, 체계적인 훈련을 받은 적도 없다. 다만 명상에 대해서 찾아보고 명상을 해본 사람으로서 스스로 느낀 명상의 효과를 함께 나누고 싶어서 명상에 대한 소개를 최대한 쉽게 하려고 한다.

불교에서는 명상을 자신을 수행하는 방법으로 사용하고 있으며, 명상을 고요한 가운데 깨어 있는 것이라고 설명한다. 또는 자신의 들뜬 마음을 차분히 가라앉히거나 마음의 고통을 순수한 상태로 되돌려놓는 것이라고 하기도 한다.

그렇다면 우리는 왜 명상을 해야 할까? 보리수 아래에서 깨달음을 얻은 석가모니처럼 성인이 되기 위해서 명상을 해야 할까? 아니면 본질을 꿰뚫어 보는 신통력을 가진 도사님이 되기 위해서 명상을 해야 할까? 과연 명상을 하면 어떤 효과가 있는 것일까?

우리가 몸무게를 잴 때 체중계에 올라가기 전 확인하는 것이 있다. 바로 체중계의 눈금이 0을 가리키는지 확인하는 것이다. 그리고 체중계에 올라가야 한다. 0kg에 맞지 않는 체중계에 올라가봐야 나의 정확한 몸무게를 알 수 없다. 우리 마음도 마찬가지이다. 우리의 마음은 매 순간 외부 자극에 반응하고 있다. 그래서 마음이 평정을 유지하지 못하고 항상 들떠 있다. 체중계의 눈금을 0kg에 맞추듯이 우리의 들뜬 마음도 원래 상태로 돌려줄 필요가 있다. 그 기능을 하는 것이 바로 명상이다.

하지만 명상이 무엇인지, 어떻게 하는 것인지를 찾기 위해서 명상 관련 책을 보거나 관련 자료를 보면 도대체 명상이 무엇인지 이해가 되지 않는다. 명상에 대해 더 관심을 가지고 더 깊게 다가가면 다가갈수록 종교적이고 철학적인 내용들이 추가되어 더욱더 이해하기가 힘들어진다. 그래서 나는 좀 더 쉽게 명상을 할 수 있도록 가이드를 제시하고자 한다.

우리 수준에 맞추어 쉽게 생각해보자. 명상을 하는 이유는 다음 세 가지와 같다. 첫 번째로 현재 들뜬 마음을 조금 차분하게 가라앉혀서 평정심을 유지하기 위함이고, 두 번째로 자신을 관찰하여 좀 더 객관적으로 보기 위함이다. 그리고 마지막 세 번째로는 한군데 집중하는 훈련을 통해 집중력을 키우기 위함이다. 이 목표는 한마디로 표현하면 우리의 정신을 조금 더 건강하게 만든다고 할 수 있다.

우리는 몸을 좀 더 건강하게 유지하기 위해 운동을 한다. 걷고, 달리고, 무거운 것을 들어 올리고 움직여서 자신의 몸을 건강하게 유지한다. 정신도 마찬가지다. 몸을 움직여 운동을 하듯이 우리의 정신도 명상을 통해서 조금 더 건강하게 하는 것으로 이해할 수 있다. 명상이 바로 정신을 운동시키는 방법이다.

명상을 하면 마음을 차분히 가라앉혀서 평점심을 유지할 수 있다. 평상시 우리는 항상 조급해하면서 살아가고 있다. 스노우볼을 뒤집어 흔들면 스노우볼 안의 눈은 계속해서 무질서하게 돌아다닌다.

하지만 스노우볼을 바닥에 가만히 놔두고 일정 시간이 지난 뒤 확인해보면 아주 고요해지는 것을 볼 수 있다. 우리의 마음도 마찬가지다. 평상시 우리의 마음은 스노우볼을 뒤집은 것처럼 온갖 잡동사니들이 어지럽게 돌아다니고 있다. 아주 잠시, 아주 잠시만 마음을 다스리면 우리 마음 속을 돌아다니고 있던 많은 걱정과 잡념들이 안정을 되찾게 된다. 그 역할을 하는 것이 바로 명상이다.

　나도 강의를 할 때나 중요한 미팅을 하기 전에 잠시 눈을 감고 명상을 한다. 그러면 강의나 미팅에서 좋은 결과를 얻을 수 있다. 스포츠를 할 때도 마찬가지다. 몸이 긴장하고 있으면 평소 실력을 발휘하지 못하게 된다. 최근에 지인들과 같이 스크린 야구를 한 적이 있었는데, 우리 팀이 지고 있었다. 내 차례가 돌아왔을 때 나는 승리를 위한 홈런을 치고 싶은 마음에 몸에 잔뜩 힘을 주어 방망이를 휘둘렀다. 평소 같으면 홈런이 나왔을 법도 한데 홈런은커녕 삼진만 계속 당하고 말았다. 홈런에 집착해서 내 몸에 힘을 너무 주고 있었던 것이다. 나는 몸에 힘이 많이 들어갔다는 것을 인식하고 잠시 내 마음을 가라앉혔다. 그러자 연타석 홈런을 날리는 결과를 가져올 수 있었다. 이와 같이 몸의 긴장을 풀어주고 마음의 평정심을 유지하는 것이 명상의 첫 번째 효과이다.

두 번째로 얻을 수 있는 명상의 효과는 더욱더 강력하다. 그것은 바로 자신을 객관적으로 관찰할 수 있다는 것이다. 앞에서 확인했듯이 우리는 자신에 대해서 잘 알지 못한다. 그래서 나 자신을 관찰해야 한다. 자신을 관찰할 수 있는 가장 효과적인 방법 중 하나가 바로 명상이다. 가만히 앉아서 내가 나를 지켜본다고 생각하자. 그러면서 내 몸에 일어나는 현상을 관찰하는 것이다. 나라는 사람이 어떤 소리를 듣고 있는지, 어떤 냄새를 맡고 있는지, 몸에 어떤 감각을 느끼고 있는지, 눈앞에 어떤 이미지가 그려지는지, 또 그것들로 인해 내가 어떤 생각을 하고 있는지. 있는 그대로 받아들여보자. 좋다 혹은 나쁘다 판단하지 말고, 그냥 현재 있는 그 시점에 나에게 일어나는 현상을 그대로 객관적으로 바라보는 것이다. 이를 통해 나라는 사람과 조금 더 친해져보자.

그리고 마지막으로 얻을 수 있는 명상의 효과는 바로 집중력을 키우고 생각을 통제할 수 있도록 도와주는 것이다. 이것은 가장 강력한 힘이다. 평상시 우리는 머릿속으로 너무나도 많은 생각을 하고 있다. 머릿속의 수많은 잡생각으로 인해 무언가 하나에 집중하기가 쉽지 않다. 시험을 칠 때는 그 문제를 어떻게 풀어서 정답을 찾을지에 대해서만 생각하면 된다. 야구를 할 때는 공을 어떻게 맞출지만 생각하면 된다. 하지만 우리는 시험을 치면서도 야구를 하면서도 금방 다른 생각에 빠져들곤 한다. 다른 생각으로 정작 내가 지금 집중해야 하는 곳에 집중을 못하는 것이다.

시험을 치면서도 앞에 있는 친구 어깨에 머리카락이 붙어 있는데 이걸 떼줘야 하나 말아야 하나 생각하고, 옆에 있는 친구가 신고 있는 신발이 좋아 보인다는 생각을 하기도 하고, 시험이 끝나면 친구들과 어디를 갈까 생각한다. 이렇게 주위가 흐려져서야 가지고 있는 실력을 100% 발휘할 수 있을 리가 없다. 명상은 이런 쓸데없는 생각들을 정리하고, 한곳에 집중할 수 있는 능력을 키울 수 있다. 한곳에 집중할 수 있는 능력이 커진다면 내가 원하는 것을 훨씬 더 쉽고 효율적으로 가지게 될 수 있다.

그러면 명상은 어떻게 해야 할까? 명상은 그 종류도 방법도 아주 많이 있다. 하지만 나는 여기서 크게 두 가지 명상의 종류를 소개하고자 한다. 첫 번째로는 마음을 차분하게 가라앉히고 자신을 지켜보는 관찰명상과 일정 시간 동안 다른 생각들을 버리고 어느 한곳에 집중하는 집중명상이 있다.

지금부터 명상을 같이 해보자.

먼저 명상을 할 만한 장소를 선정하는 것이 중요하다. 누군가로부터 방해받지 않을 수 있는 조용한 곳을 선택하자. 자신이 혼자 사용하는 방이나 일정 시간 동안 조용히 있을 만한 아늑한 공간을 선택하자. 누군가의 방해를 받지 않는 조용한 공간이 없다면 한적한 시간의 대중목욕탕이나 공공장소의 화장실을 추천한다. 요즘 공공장소의 화장실은 냄새도 나지 않고 상당히 깨끗하다. 화장실을 청소한 직후라면 더욱더 좋다. 물론 화장실 칸이 많이 없거나 사용하는 사람들이 많다면 다른 사람들의 방해가 많이 있겠지만, 화장실이야말로 누군가의 방해를 받지 않고 나 혼자 있을 수 있는 나만의 공간이다. 화장실도 찾을 수 없다면 매일 이용하는 버스나 지하철도 명상의 장소로 나쁘지 않다. 버스나 지하철에서는 내가 무슨 짓을 하든지 다른 사람들은 크게 신경을 쓰지 않는다. 서서 할 수도 있지만 가만히 앉아서 눈을 감고 있으면 나를 아는 사람을 만나지 않는 이상 나를 방해하는 사람은 없다.

명상을 할 장소가 선정되었다면 다음은 명상을 하는 자세이다.

의자에 앉아 있다면 몸을 편안히 하되 등은 등받이에 기대지 말고 허리는 세운다. 그리고 손은 다리 위에 올린다. 만약 바닥에 앉아 있는 상태라면 반가부좌를 하는 게 좋다. 허리는 의자에서 하는 것과 마찬가지로 어딘가에 기대지 말고 바로 세운다. 손은 자연스럽게 다리 위에 올리거나 깍지를 끼워 편안하게 늘어트린다. 이때 엉덩이에 방석 같은 것을 넣어서 엉덩이를 다리보다 조금 높이면 훨씬 편하게 앉아 있을 수 있다.

허리를 세우고 가부좌 자세를 하는 이유는 그 자세가 바로 가장 오래 앉아 있을 수 있는 자세이기 때문이다. 허리를 굽혀서 앉거나 다리를 펴고 앉으면 처음에는 편하지만 시간이 지나면 허리가 아파오고 자세를 유지할 수 없어서 집중력이 흐트러지게 된다.

등을 등받이에 대지 않는 이유는 등받이에 기대면 자세가 흐트러져서 집중을 할 수 없게 되고 잠에 들 수 있다. 명상의 목적이 바로 고요하게 깨어 있는 상태를 유지하는 것인데, 잠들어버리면 아무런 효과가 없다. 하지만 충분한 수면을 한 이후에 잠에 들지 않을 수 있는 상태라면 편안한 곳에 몸을 늘어트리고 누워서 명상을 진행해도 괜찮다.

다음은 호흡 방법이다. 자세를 유지하고 앉아서 호흡을 깊게 들이마시고, 천천히 내쉰다. 호흡을 깊게 마시고 뱉기 위해서는 복식호흡이 필요하다. 복식호흡은 배로만 호흡하는 것이 아니다. 먼저 숨을 배에 채우고 그 다음 가슴을 채운다. 깊게 들이마시고 천천히 뱉으면서 숨이 들어가고 나가는 것을 느껴본다. 여기까지 준비되었다면 이제 본격적인 명상의 단계이다. 차분해진 호흡으로 몸의 긴장을 풀어보는 것이다.

명상의 첫 번째 단계. 자기 관찰과 긴장 풀기이다. 편안한 장소에 편안히 앉은 채 눈을 감고 크게 호흡하면서 숨을 들이마시고 나올 때 자신의 몸의 감각을 느껴본다. 어디가 아픈지, 어디가 불편한지, 아니면 어떤 냄새가 나는지, 어떤 소리가 들리는지, 어떤 이미지가 보이는지, 어떤 생각이 나는지 그대로 느껴본다. 내가 앉아 있는 나를 본다고 생각하고 내 몸에 일어나는 모든 것들을 관찰한다. 그리고 그것들을 평가하지 말고 그대로 받아들인다.

'아~ 나는 이런 생각을 하는구나.'

'아~ 다리가 좀 저리구나.'

'등이 조금 간지럽구나.'

그리고 숨을 내쉴 때 내 몸 모든 곳이 이완되면서 근육의 긴장이 풀어지는 것을 느껴본다. 처음에는 어색하고 뭐가 뭔지 잘 모르겠지만, 조금씩 하다 보면 몸의 긴장이 풀리고 그로 인해 편안한 느낌을 받을 수 있을 것이다.

이 과정이 바로 명상의 첫 번째 단계이다. 다른 곳에서는 이 명상을 관찰명상이라고 하기도 하고, 마음챙김 명상, 위빠사나 명상이라고 하기도 한다. 이 관찰명상을 하는 이유는 앞에서도 언급했듯이 몸과 마음의 긴장을 풀고 평정심을 유지하기 위함이다. 그리고 나를 관찰함으로써 나에 대해서 조금 더 알아가기 위함이다.

나도 무언가를 하기 전에 잠깐 심호흡을 하면서 나의 감정을 살핀다. 아주 잠깐이라도 명상을 하면 현재 나의 감정이나 몸의 상태를 알아차릴 수 있고, 평상심을 유지할 수 있다. 무언가를 하기 전이나 긴장이 될 때 아주 유용하다.

명상의 다음 단계는 바로 집중명상이다. 명상의 첫 번째 단계인 관찰명상으로 내 몸의 상태를 진단하고 몸이 이완되어 편안한 상태가 되었다면, 이제는 나의 생각을 조정해보자. 앞에서는 내 머릿속에 일어나는 생각을 그대로 받아들였다면, 이번에는 내 머릿속에 일어나는 생각을 의식적으로 지워보자. 생각을 버리고 한군데 집중한다. 보통의 집중 대상은 바로 호흡이다. 자연스럽게 호흡하면서 숨이 들어가고 나가는 내 코에 집중한다. 다른 생각이 들면 다시 호흡에 집중한다. 처음에는 수많은 생각이 든다. 내가 호흡에 집중하고 있다는 사실도 잊은 채 다른 생각을 하고 있는 나를 발견하게 된다. 하지만 그것은 당연한 것이다. 그걸 알아차린 이후에 다시 호흡에 집중하면 된다.

호흡에 집중이 되지 않을 때 마스크를 끼면 조금 더 잘되는 경우가 있다. 마스크 사이로 숨이 들어가고 나가는 것을 더 명확히 느낄 수 있다. 그래도 집중하기가 어렵다면 촛불을 사용해보자. 촛불을 앞에 켜놓고 촛불이 타는 모습만을 보면서 집중한다.

자신만의 주문을 외우면서 그 주문에 집중하는 방법도 있다. 절에서 스님들을 보면 절을 하거나 앉아서 기도를 할 때 무언가를 반복적으로 말하고 있는 것을 볼 수 있다. 이것이 바로 주문이다. 아무 의미 없는 나만의 주문을 만들어 읊조림을 반복하면서 그 주문에 집중하는 것도 하나의 방법이다. 다만 아무 의미 없는 주문을 만들어야 그 주문을 외우면서 다른 생각을 하지 않을 수 있다.

참고로 주문을 만드는 나만의 방법을 소개하자면 어떠한 특정 단어를 선택하고 그 단어를 거꾸로 써서 읽는 것이다. 예를 들어 자신이 살고 있는 동네를 단어로 선정했다고 하자. '성수동'이라는 단어를 선정했으면 그 단어의 자음과 모음을 풀어서 쓴다. ㅅㅓㅇㅅㅜㄷㅗㅇ. 그리고 다시 이것을 거꾸로 쓴다. ㅇㅗㄷㅜㅅㅓㅇㅅ. 그러면 '오둣엇'이라는 단어가 탄생한다. 발음하기 쉽게 '오두어'로 변경하든지 해서 나만의 주문으로 만들면 된다. 이렇게 나만의 주문을 만들어 명상을 할 때 집중 도구로 사용한다.

이 방법도 잘 되지 않는다면 머리를 좌우로 흔든다. 쓸데없는 생각들이 빠져나가는 것을 생각하면서 머리를 좌우로 흔들면 집중하기가 쉬워진다. 어떤 것을 선택하든지 상관없다. 내가 가장 집중하기 쉬운 것을 골라서 해보자. 다른 생각이 들면 다시 집중하자.

우리는 살면서 그 상황에 전혀 필요 없는 생각을 많이 한다. 아무 의미 없는 잡생각들에 사로잡혀서 정작 내가 필요한 것이나 내가 원하는 것에 집중할 수 없는 경우가 많이 있다. 집중명상을 통해서 쓸데없는 것을 버리고, 내가 필요한 것에만 집중할 수 있도록 연습한다. 한 번 할 때 10분에서 20분 정도 다른 생각 없이 한곳에 집중하는 연습을 해보자. 처음에는 쉽지 않겠지만 조금씩 조금씩 연습하면 집중하는 시간을 좀 더 늘릴 수 있다.

이렇게 명상을 시작했지만 가만히 앉아 있기란 정말 쉽지 않다. 명상을 하면서도 내가 하는 방법이 과연 맞는 방법인지 의심이 가기도 하고, 명상을 하면 할수록 생각이 사라지지 않고 더 많은 잡생각이 생길 수 있다. 당연히 집중도 되지 않는다. 하지만 맞는지 안 맞는지 판단하지 말고, 그냥 꾸준히 해보자. 그러다 보면 어느 순간 내 몸이 편안해짐을 느낄 수 있게 되고, '아~ 이런 느낌이구나'라는 것을 느끼게 된다. 꾸준하게 하다 보면 분명히 명상의 효과를 누려볼 수 있을 것이다. 어느 순간 어떤 상황에서도 내 평정심을 유지하고 내가 하고자 하는 것에 집중하는 나 자신을 만날 수 있다.

공부는
왜 해야 하나요?

정말 부모님과 선생님들은 왜 그토록 우리에게 공부를 하라고 강조할까요? 정작 본인들은 공부를 하지 않으면서 말입니다.

공부를 하는 이유는 다음과 같습니다. 먼저 우리가 학교에서 공부를 해야 하는 이유입니다. 인간은 사회적인 동물이어서 혼자서는 세상을 살아갈 수 없습니다. 다른 사람들과 만나서 대화도 해야 하고, 마트에 가서 물건도 구매해야 하고, 식당에 가서 밥도 먹어야만 세상을 살아갈 수 있습니다. 사람을 만나 의사소통을 해야 합니다. 그렇게 하기 위해서는 사람들 대부분이 알고 있는 최소한의 지식을 가지고 있어야 합니다. 그 지식을 우리는 '상식'이라고 합니다. 즉, 상식이 있어야 세상을 살아갈 수 있습니다. 그렇기 때문에 국가에서는 국민을 대상으로 최소한의 교육을 진행하는 것입니다. 생활에 필요한 최소한의 지식, 상식이 없으면 다른 사람들과의 대화에 참여할 수 없습니다.

이런 상식의 필요성을 절실히 느낀 적이 있었습니다. 대학교 1학년 시절 동아리에 가입했습니다. 그 동아리에는 저와 같은 공대생을 비롯해서 인문대, 사회대, 상과대, 의대, 음대, 미대생까지 다양한 학생들이 있었습니다. 그런데 어느 날 모임에서 정치와 사회 문제에 대한 이야기를 가지고 토론을 하게 되었습니다. 하지만 저는 그들의 대화에 참여를 할 수가 없었습니다. 당시 저는 정치사회 문제에 관심도 없었고 일부 사람들만 시사나 정치에 관심 갖는 거라 생각했는데, 나와 같이 입학한 1학년 동기 녀석조차 한국 정치에 대해 이야기를 하고 있었습니다. 결국 저를 포함한 몇몇의 공대생을 제외하고 모두가 정치 문제에 대한 자신의 의견으로 토론하는 것이었습니다.

이보다 더한 충격은 또 다른 데 있었습니다. 그날 이후 동아리 여학생들은 그때 대화에 참여하지 못했던 공대생들과 이야기를 하려고 하지 않았습니다. 수준이 맞지 않다고 판단한 것입니다.

저와 같은 불행한 상황을 맞이하지 않기 위해서라도 우리는 최소한의 상식을 알고 있어야 합니다. 학창 시절 사회시간에 배운 내용을 조금이라도 기억하고 있었다면 그런 치욕적인 상황은 피할 수 있었을 것입니다.

두 번째 공부의 이유는 바로 우리는 모두 직업을 가지고 생활해야 하기 때문입니다. 그러기 위해서는 본인만의 전문적인 지식이 필요합니다. 나만이 할 수 있는 지식과 기술이 필요합니다. 이러한 전문적인 지식이나 기술을 배우는 과정이 바로 공부입니다. 이러한 공부는 전문학교나 사회에서 습득하게 됩니다.

이처럼 우리는 학창 시절에는 다른 사람과 소통하기 위한 상식을 습득하기 위해서 공부해야 하고, 또 학교를 졸업하고는 직업을 가지고 살아가기 위해서 대학이나 사회에서 공부를 해야 합니다.

그렇다면 공부는 언제까지 계속되는 걸까요? 아마 우리는 평생 공부를 해야 할 것입니다. 앞으로의 사회는 엄청나게 빠른 속도로 변화하게 됩니다. 자신이 특정 분야에 전문적인 지식을 가지고 있다고 해도 사회의 변화에 따라 쓸모없게 되어버릴지도 모릅니다. 공부의 궁극적인 목적은 공부를 통해 자신을 시대에 맞도록 변화시키는 것입니다.

하지만 우리는 공부에 대해 거부감이 있습니다. 그 이유는 바로 공부의 목적을 알지 못한 채 억지로 하기 때문에 그렇습니다. 이제 공부를 왜 해야 하는지 알았으니 조금 더 능동적으로 공부를 할 수 있지 않을까 생각합니다. 공부도 습관입니다. 본인이 좋아하는 것부터 조금씩이라도 무언가 공부해보도록 합시다. 새로운 것을 알아간다는 기쁨과 함께 하루하루 달라지는 자신을 보면서 말할 수 없는 성취감을 느낄 수 있을 것입니다.

PART 5

다가오는 미래에 우리는

무시무시한
온라인의 힘

스마트폰의 등장으로 우리 사회는 그 이전과 비교할 수 없을 만큼 편리한 생활을 하고 있다. 하지만 편리해진 만큼 우리는 잠시도 스마트폰 없이 생활하기 힘들어졌다. 스마트폰에 점점 중독되고 있는 것이다. 그만큼 스마트폰 중독은 사회적인 문제로 대두되고 있다.

최근 연구 결과에서도 스마트폰 중독의 심각성을 알 수 있다. 연구 결과에 의하면 중고생 10명 중 3명이 잘 때까지 스마트폰을 보다가 손에 쥐고 잔다고 한다. 또한 10명 중 1명은 아침에 잠에서 깨자마자 스마트폰을 보면서 하루를 시작한다고 한다. 물론 스마트폰을 알람시계로 사용하고 있는 사람들이 많기 때문에 일어나자마자 스마트폰을 보는 것이 당연할 수도 있겠지만 여기서는 알람시계를 끄기 위해 스마트폰을 보는 것을 제외한 것이다. 이 정도 되면 스마트폰이 정말 신체의 일부가 되어버렸다고 해도 과언이 아니다. 그 전에는 배터리를 충전하는 시간이 필요하기 때문에 그 시간이라도 잠시 스마트폰을 손에서 떼어놓고 있었지만, 최근에는 보조 배터리가 보급되면서 스마트폰을 충전하는 시간조차 손에서 놓지 않는다.

실제로 주위 사람들 중에도 스마트폰 중독 현상을 보이는 사람들이 많다. 혹시라도 스마트폰을 손에 쥐고 있지 않거나 배터리가 없어 전원이 꺼져버리면 불안해하고 안절부절못하는 사람을 쉽게 찾아볼 수 있다. 바로 스마트폰 금단 현상이다. 이제는 친구들끼리 만나서 대화를 하면서도 스마트폰으로 각자 할 일을 하고 있는 시대가 되어버렸다. 길을 걸어가면서도 스마트폰을 보고, 횡단보도를 걸어가면서도 스마트폰을 보고, 심지어 운전을 하면서도 스마트폰을 보는 사람들이 생겨났다. 이렇게 스마트폰을 보다가 일어나는 사고도 점점 늘어나고 있는 추세이다. 정말 우리 생활에서 없어서는 안 되는 존재가 되어버렸다. 어차피 스마트폰이 우리 삶 속에 깊숙이 들어와 있다면, 이제는 부정하거나 거부하지 말고 그 스마트폰을 좀 더 유용한 방법으로 활용할 줄 알아야 한다.

인터넷과 스마트폰 등 정보통신기술의 발달로 우리 생활에 엄청난 변화가 생겼다. 그중 가장 큰 영향력은 바로 시공간의 제약이 사라졌다는 것이다. 스마트폰이나 노트북만 있으면 세계 어디를 가더라도 자기가 원하는 정보를 찾을 수 있으며, 원하는 사람과 대화를 할 수 있다. 우리 동네 스타벅스에 앉아서 시애틀 스타벅스 1호점에 있는 내 친구와 커피 맛을 비교하며 대화를 나눌 수 있는 시대가 되었다. 그리고 집 밖을 나가지 않고 내 방에 가만히 앉아서 구글 지도를 통해 프랑스 파리에 있는 에펠탑을 구경할 수도 있다. 굳이 비행기를 타고 파리까지 가보지 않아도 에펠탑 주위에 어떤 것들이 있는지 모두 알 수가 있다. 이 얼마나 편리한 세상인가?

　최근 인터넷뿐만 아니라 SNS와 블로그의 발달로 그 영향력은 날로 증대되고 있다. 2016년 일본 구마모토 현에 지진이 일어났을 때, 사람들은 SNS의 영향력을 직접 확인했다. 피해자의 생존 여부 확인이나 구조는 물론 구호물자 공급, 자원봉사자 모집 등 구호활동이 SNS를 통해 이루어진 것이다. 또한 가습기세정제 사건이 불거졌을 때도 SNS를 통해 불매운동이 확대되었다. 심지어 7개월 동안 진전이 없던 성추행 사건의 용의자가 SNS 공개 수배 이후 단 이틀 만에 검거되기도 하였다. 정말 SNS의 힘이 날로 거세지고 있다는 것을 느낄 수 있다.

최근 기업에서도 블로그나 SNS를 통한 마케팅에 집중하고 있다. 실제로 어떤 제품을 구매하기 전 블로그나 SNS 검색을 통해 다른 사람들의 사용 후기를 보면서 구매를 결정하는 사례가 많아졌다. 그러니 기업에서는 블로그나 SNS에 마케팅을 집중할 수밖에 없다. 또한 인터넷 카페나 개인 블로그를 운영하면서 카페 회원, 블로그 방문자들에게 필요한 정보를 제공함으로써 수입을 올리는 사람도 늘어나고 있다.

인터넷으로 하는 홍보나 사업이 가진 가장 큰 장점은 바로 시공간에 제약이 없다는 점이다. 큰돈을 들여서 사무실이나 가게를 구할 필요가 없고, 전 세계 사람들을 상대로 자기 제품을 홍보·판매할 수 있다. 만약 식당이라도 운영한다고 하면 식당 창업 비용, 운영비용 등 투입되는 금액이 많아진다. 또 손님이 아무리 많다고 해도 식당의 규모가 한정적인 만큼 모두 수용할 수 없는 상황이 올 수도 있다. 반면에 온라인에서는 수백 명, 수천 명을 한꺼번에 수용할 수 있다. 심지어는 어떠한 제품도 판매하지 않고, 단순히 개인 블로그를 운영하거나 자신의 영상을 다른 사람들에게 보여줌으로써 수익을 올리는 직업도 생겨났다. 본인의 블로그나 영상을 통해 일반인들이 알고 싶어 하는 정보를 꾸준히 올리면서 전문가의 이미지를 구축하고, 광고 수입이나 스폰 계약, 칼럼 기재, 강의 등을 통해 억대 수입을 올리는 것이다.

우리가 개인 사업을 하든, 직장생활을 하든, 전문직으로 종사하든 상관없이 온라인 콘텐츠는 선택이 아닌 필수 사항이 되어버렸다. 따라서 무조건 고려해야 한다. 주변에 스마트폰의 노예가 되지 않겠다면서 SNS를 거부하는 사람들이 종종 있다. 하지만 그만큼 그들의 기회는 줄어드는 것이다. 스마트폰의 영향력을 피할 수 없다면 이용해야 한다. 이제는 컴퓨터, 스마트폰으로 가십거리 검색이나 게임 등으로 시간만 낭비하지 말자. 어떻게 하면 좀 더 생산적으로 활용할 수 있을지 고민해봐야 한다.

창의력
키우기

최근 사회에서는 하나같이 창의성을 강조하고 있다. '창의성을 높여야 한다', '창의적인 사고를 해야 한다', '창의적인 인재로 성장해야 한다' 등등 창의성을 강조하는 시대이다. 기업에서도 직원을 채용할 때 가장 큰 자질로 창의력을 가진 사람을 선호하는데, 실제로 2013년 대한상공회의소에서 발표한 '100대 기업이 원하는 인재상 보고서'에 따르면 73개사의 기업이 인재의 창의성을 중요시했다. 이처럼 사회생활을 하기 위해서 창의성은 꼭 있어야 할 필수 요소가 되어버린 것이다. 그렇다면 도대체 창의성이 뭐길래 현대사회에서 이토록 강조되는 것일까?

창의성이란 무엇일까? 사전에서는 '새로운 것을 생각해내는 특성'이라고 정의하고 있다. 네이버 교육심리학 용어사전에서는 '새롭고 독창적이고, 유용한 것을 만들어내는 능력' 또는 '전통적인 사고

방식을 벗어나서 새로운 관계를 창출하거나 비일상적인 아이디어를 산출하는 능력'으로 설명하고 있다. 그렇다면 창의성을 높이는 방법에 대해 알아보도록 하자. LG전자 연구원인 신정철 연구원은 그의 저서 〈메모 습관의 힘〉에서 많은 사람들이 창의성에 대해 정의한 내용을 요약해 다음과 같이 창의성을 정의하고 있다.

> "창의성은 서로 다른 생각을 충돌시켜 새롭고 독특한 방식으로 연결하는 것이다." *
>
> — 신정철, 〈메모 습관의 힘〉 —

그러면서 창의성을 높이기 위해서는 다음과 같은 두 가지 조건이 있어야 한다고 정의했다.

1. 연결에 사용할 수 있는 생각의 재료를 늘린다
2. 생각이 서로 부딪혀 연결될 수 있는 환경을 만든다

- - - - - - - - - - - - - - - - - -

* 신정철, 「메모 습관의 힘」, 토네이도, 2015.

즉, 창의성을 높이기 위해서는 많이 보고, 읽고, 경험함으로써 본인 생각의 재료를 늘리면서 다양한 사람들과의 만남과 대화, 교류를 통해서 그 생각들이 연결될 수 있는 환경을 만드는 것이다. 21세기 최고의 발명품이라고 하는 스마트폰도 따지고 보면 아무것도 없는 상태에서 탄생한 것이 아니다. 우리가 알고 있던 두 재료, 즉 전화기와 컴퓨터를 서로 연결하여 탄생한 것이다. 이처럼 창의성이란 아무것도 없는 것에서 새로운 것을 탄생시키는 것이 아니라 기존에 있던 것을 바꾸어 새로운 것을 탄생시키는 능력을 뜻한다.

경영기획 측면에서도 기획자들의 창의성을 높이기 위해 다음 다섯 가지 방법을 제시하고 있다.

연계 · 질문 · 관찰 · 실험 · 교류

즉, 기존에 알고 있던 것을 연결하고(연계), 당연하다고 생각되는 모든 상황에 대해 왜 그런지 질문하고(질문), 다양한 상황에 대해 관심을 가지고 관찰하고(관찰), 직접 실험해보면서 효과를 분석하고(실험), 나 혼자 하는 데 한계가 있으니 다른 사람들과의 활동(교류)

을 늘려가는 과정에서 창의성이 높아진다고 한다.

그렇다면 창의성을 높이기 위해서 가장 먼저 충족되어야 할 전제 조건은 무엇일까? 바로 '많이 알아야 한다'는 것이다. 아는 것이 없으면 그것을 연결할 수도 없고, 다른 사람들과의 교류에서 할 말도 없고, 질문을 할 대상도 없다. 그러므로 많은 경험을 통해서 많은 공부를 해야 한다. 공부를 통해서 본인이 몰랐던 것을 많이 알게 되고, 그 새로운 것들이 자기가 기존에 알고 있었던 것들과 연결이 된다. 그러한 과정을 거치면서 새로운 아이디어가 떠오르게 되는 것이다. 또 아는 것이 많이 있으니 다른 사람들과 대화를 할 주제가 많아진다. 다양한 사람들과 대화를 하는 과정에서 또 새로운 것을 연결하여 더 훌륭한 아이디어를 만들어낼 수 있다.

아는 것이 많아야 질문이나 관찰할 대상이 생긴다. 아는 것이 없으면 충돌시킬 재료도 없어 새로운 것이 나올 수가 없다. 이처럼 현대사회에서, 또 기업에서 그토록 원하는 창의적인 인재로 성장하기 위한 첫 번째 단계가 바로 많이 아는 것이다. 그렇다면 어떻게 해야 많이 알 수 있을까? 우리가 가장 손쉽게 할 수 있는 방법이 바로 독서다. 독서를 많이 할수록 창의성이 좋아질 확률이 높다.

전 세계적으로 가장 유명한 SF감독 중 한 명인 스티븐 스필버 그도 독서를 통해 창의성과 상상력을 키웠다고 한다. 그는 "나의 창 조성과 상상력은 책이 없었다면 불가능했을 것이다"라고 하면서 자 신의 인생에 독서가 엄청난 영향을 끼쳤다고 말하고 있다.

독서, 즉 공부를 해야 이 시대에서 그토록 원하는 창의적인 인 재가 될 수 있다. 공부를 많이 해야 아는 것이 많아지고, 아는 것이 많 아야 다른 사람들과 대화할 주제가 많아진다. 그리고 주제가 많아질 수록 대화의 수준도 높아지기 때문에 그 속에서 새로운 것을 찾을 수 가 있게 된다. 창의성을 높이기 위해 가장 먼저 실천해야 할 일이 바 로 독서이다. 독서를 통해 우리 모두 창의적인 인재로 성장해보자.

늦었다고 생각할 때가
가장 빠르다

1900년대 초 한국인의 평균 수명은 36세였다고 한다. 선진국인 미국도 평균 수명이 48세밖에 되지 않았다고 한다. 그러나 과학기술과 의학의 발달로 평균 수명은 점점 늘어나게 되었고, 2011년 마침내 한국인의 평균 수명은 80세를 돌파했다(평균 81세: 남자 77.6세, 여자 84.4세).

앞으로는 불의의 사고만 없다면 분명 100세 이상 살게 될 것이 분명하다. 혹자는 2030년이 되면 평균 수명이 130세에 이를 것으로 전망하였다. 예전 우리 조상들은 60년을 살면 오래 살았다고 해서 환갑잔치를 열었다는데, 다행인지 불행인지 모르겠지만 요즘은 환갑잔치를 하고도 40년 이상은 더 살아야 한다. 거꾸로 말하자면 우리 사회의 정년퇴직 나이인 60세에 퇴직을 하고도 40년 이상을 더 살아야 한다는 뜻이다. 60세 전에 노후 준비를 하고 60세에 퇴직을 하는 것으로 끝이 아니라, 이제는 평생 생산활동을 하면서 살아야 한다는 뜻이다. 즉, 계속 일을 해야 한다.

앞으로 계속 일을 하기 위해서는 본인의 전문성을 키우는 수밖에 없다. 나이가 들어도 자신을 찾는 곳이 있어야 한다. 이를 위해 남들과 다른 무언가를 가지고 있으면서 본인을 브랜드화해야 한다. 본인만의 무기가 없고 끊임없이 새로운 것을 공부하고 연구하지 않으면 어느 순간 뒷방 늙은이 신세가 되어버리는 것이다.

앞으로는 40~50대에 다시 대학교에 가서 전문적인 공부를 하는 사람들이 많아질 것으로 예상한다. 그리고 60대 이상의 어르신으로만 구성된 회사도 생겨날 가능성이 있다. 은퇴 후 60~70대에 신입사원으로 재취업해 업무를 진행하는 일도 생기지 않을까 예상한다. 실제 내가 사는 동네에서는 실버 카페라고 해서 바리스타 자격증을 딴 60대 어르신들로만 운영되는 카페가 있다.

이제는 50~60대가 되어서 "이 나이에 무엇을 할 수 있겠나?" 하고 생각하는 건 매우 어리석은 생각이다. 100세까지 산다고 생각한다면 50세가 지났어도 아직 인생의 절반이 지났을 뿐이다. 실제로 늦은 나이에도 부단한 노력으로 자기계발에 힘쓰고 있는 분들이 많다. 전효임 시인은 70대에 시집을 펴냈다. 일흔의 늦은 나이에 한글을 배우고 틈틈이 쓴 69편의 시를 모아 시집을 펴냈다. 그녀는 99세에 첫 시집을 출간한 일본의 시바타 도요 할머니를 보고 본인도 시집을 출간하기 위해 노력했다고 한다. 전효임 할머니는 80세까지 시집을 세 권 내는 것이 목표라고 한다. 주위에선 늦은 나이에 뭐하려고 그렇게까지 하느냐 말하지만 할머니는 이렇게 말했다고 한다.

"늦은 나이지만 살아 있을 때 하나라도 배우고 싶어서."

70이 넘었음에도 할머니의 열정은 식지 않았음을 느끼게 한다.

그리고 '전국노래자랑'을 생각하면 떠오르는 한 사람, 바로 방송인 송해 선생님도 있다. 90세가 넘은 나이에도 불구하고 국내 최고령 MC, 단일 프로그램 최장수 MC 등으로 활약하고 있으며 각종 예능 프로그램에서도 종횡무진 활발히 활동하고 있다. 그는 아직도 이동을 할 때 BMW(Bus, Metro, Walk)를 이용하면서 건강을 과시한다고 한다. 그래서인지 나는 그가 나오는 방송 프로그램을 보면 항상 그의 열정과 노력에 존경심을 표하게 된다.

70세가 넘어서 박사학위를 받는 사람도 있다. 전 서울지방법원장 강성수 변호사는 미국 유학 7년 만에 UC머시드 대학원에서 73세의 나이로 물리학 박사학위를 취득했다. 그는 학창 시절 물리학을 공부하고 싶어 이과를 선택했다고 한다. 그러나 아버지의 권유로 법률가의 길을 선택하게 되었고 2009년, 물리학도의 꿈을 위해 미국 유학길에 올라 7년 만에 73세의 나이로 박사학위를 취득했다.

전북 순창에서 드림건설나무병원을 운영하는 류성호 원장도 나무병원을 운영하면서 경험한 내용을 바탕으로 70세의 나이에 순천대학교 박사학위를 취득했다. 이들을 보면서 정말 나이는 숫자에 불과하다는 생각을 할 수밖에 없다.

자신에겐 아직 12척의 배가 남아 있다는 이순신 장군의 말처럼 우리에겐 아직 70~80년이라는 시간이 남아 있다. 100년의 인생을 하루 24시간에 비유하자면 우리의 위치는 아직 해도 뜨지 않은 새벽 시간이다. 비록 실패하더라도 다시 일어나서 도전할 기회가 아직 많이 남아 있다. 그러니 실패할까 봐 두려워하지 말고, 기회를 놓쳤다고 포기하지 말고 뭐라도 하자. 실패를 성공으로 돌려놓을 시간은 얼마든지 있다.

99세 할머니도 시집을 펴내고 73세 할아버지도 박사학위를 따는데, 아직 젊은 우리가 못할 이유는 조금도 없다. 그들에 비하면 우리는 50년 이상의 시간과 기회가 더 많이 남아 있는 것이다. 그러니 우리도 그들처럼 우리가 정말 좋아하는 것, 또는 신나게 할 수 있는 것을 찾아서 지금 당장 할 수 있는 일을 실행으로 옮겨야 한다. 아직 나이가 어려서 못한다고, 나이가 많아서 못한다고 말하는 것은 핑계일 뿐이다. 지금 자기가 할 수 있는 일이 비록 아주 작은 일이라 할지라도 행동해야 한다. 핑계만 대면서 불평만 하지 말고, 무엇이든 도전해보자.

메신저가
되어야 한다

지금까지 우리는 자신이 진정으로 원하는 것이 무엇인지 찾기 위해 노력해왔다. 그리고 그것을 어떻게 내 것으로 만드는지에 대해서도 함께 알아보았다. 그렇게 내가 좋아하고 원하는 것을 꾸준히 하다 보면 언젠가는 그 분야의 지식과 노하우가 쌓여서 전문가가 되어 있을 것이다. 하지만 이제는 그 지식과 노하우를 쌓는 데 그쳐서는 안 된다. 자신이 습득한 것을 필요로 하는 다른 사람과 공유해야 한다. 그렇기 때문에 우리는 자신이 알고 있는 것을 다른 사람에게 잘 전달하는 능력을 키워야 한다.

우리는 어떤 사람들을 전문가로 인정하는가? 특정 분야에 대해 공부를 많이 한 사람? 자격증을 많이 가지고 있는 사람? 아니면 박사 학위를 가지고 있는 사람? 물론 모두 전문가가 맞다. 하지만 실제로 일반 사람들이 생각하는 전문가란, 자신이 잘 알지 못했던 내용, 또는 궁금했던 내용에 대해 쉽게 잘 설명해줄 수 있는 사람을 전문가로 인정한다. 상대방이 원하는 것을 쉽고 효율적으로 전달하는 능력을 가진 사람이 바로 훌륭한 전문가이다. 자신이 아무리 많이 공부하고 박사학위를 가졌다 해도 본인만 알고 아무도 알아주지 않는다면 아무런 소용도 없고 의미도 없다. 그저 본인 만족이고 자아실현의 상태일 뿐이다.

내가 다른 사람들보다 많이 안다고 해서 모두가 나를 전문가로 인정해주는 것도 아니다. 100을 알고 있는 전문가가 다른 사람들에게 10만큼을 전달하면 사람들이 평가하는 그 전문가의 능력은 10이 된다. 하지만, 50밖에 알지 못하는 전문가라도 본인이 가진 50을 모두 전달해줄 수 있는 사람은 50의 능력을 가진 전문가가 된다. 일반적인 사람들은 후자의 사람을 전문가로 인정하고 찾게 된다.

내가 즐겁게 익힌 나만의 노하우와 나만의 필살기를 필요로 하는 사람이 분명히 존재한다. 그런 사람을 찾아서 쉽고 효율적으로 나만의 무기를 전달해야 그것이 비로소 나의 직업으로 연결될 수 있다.

내가 필요로 하는 것을 먼저 경험한 사람이 누구인지 찾듯이 다른 사람들도 본인이 필요로 하는 것을 먼저 경험한 이가 있는지 찾게 되어 있다. 혹시라도 내 경험이 그들에게 도움이 된다면, 나의 노하우를 전달하면 된다. 그게 바로 전문가이다.

내가 알고 있는 지식을 다른 사람들에게 전달하는 방법은 아주 여러 가지가 있다. 실제 1:1로 만나서 알려주는 방법도 있고, 1:다수로 내가 전달하고자 하는 내용을 정리해서 강의로 전달할 수도 있다. 가장 대중적인 방법으로 전문 서적을 출판해서 많은 사람들에게 나의 지식을 전달할 수도 있다. 아니면 나의 지식과 노하우를 바탕으로 하는 새로운 제품을 개발해서 사람들에게 판매할 수도 있다.

최근에는 온라인 매체의 힘이 너무나도 강력해졌다. 전화나 이메일을 통한 고전적인 방법으로 나의 정보를 전달할 수도 있지만, SNS, 블로그, 카페 등을 통해 전달할 수도 있고, 유튜브 영상을 찍어서 사람들에게 전달할 수도 있다.

〈세상에 나쁜 개는 없다〉라는 프로그램을 통해 유명해진 개들의 대통령, 개박사로 불리는 반려견 훈련사 보듬컴퍼니 강형욱 대표는 개를 번식시켜 판매하고 투견을 기르는 아버지 덕분에 어린 시절부터 개를 많이 접할 수 있었다고 한다. 그러나 강압적인 훈련 방식에 고통스러워하는 개들을 보면서 본인도 같이 괴로워했다. 그래서 개를 힘들게 하지 않고 훈련시킬 수 있는 새로운 소통 방법은 없을까 강구했다고 한다. 그렇게 개들과 함께 생활하면서 자연스럽게 개에 대한 지식과 노하우를 몸소 체득하고, 추가적으로 많은 서적을 통해 공부하면서 새로운 소통법을 연구하기 시작했다. 또한 실제 반려견 훈련소에 가서 경험도 하고 본인이 공부한 내용을 적용하면서 반려견 훈련사의 꿈을 키워나갔다고 한다.

사실 이렇게 반려견 훈련사를 준비하는 사람들은 많이 있다. 하지만 강형욱 대표가 전문가로 성장하고 유명해질 수 있었던 계기는 바로 공원에 애완견을 산책시키러 나온 사람들을 상대로 자신이 가지고 있는 지식을 공유했던 것이다. 산책을 같이 나온 사람들에게 현재 개의 심리 상태를 얘기해주고, 사람들의 잘못된 태도를 고쳐주면서 본인이 알고 있는 지식을 공유했다고 한다. 그는 세계 최초로 인터넷을 통해서 강아지 훈련법을 방송한 조련사로도 유명한데, 자신이 가지고 있는 강아지에 대한 지식을 공유하고 사람들이 알고 있는 잘못된 지식을 바로잡아서 애견인들과 반려견들에게 조금이나마 긍정적인 영향을 주고자 자신의 노하우를 공유했다.

본인이 사랑하는 일을 하고, 본인이 가지고 있는 지식과 노하우를 다른 사람들에게 전달할 수 있는 능력이 충분할 때 비로소 우리는 그들을 전문가라고 부른다. 강형욱 대표는 그 전달하는 능력 덕분에 방송 출연도 하게 되고, 전문가로서의 입지를 더욱 다지게 된다. 이 처럼 한순간에 강형욱 대표처럼 유명해질 수는 없겠지만, 자신이 가지고 있는 지식을 조금씩 조금씩 다른 사람들에게 전달하면서 그 능력을 키울 필요가 있다. 더욱이 자신의 지식을 전달하는 과정이 사회에 조금이라도 긍정적인 영향을 끼칠 수 있다는 기대감과 희망에서 근거한다면 훨씬 더 좋은 영향력을 가진 전문가가 되지 않을까 생각한다.

이렇게 자신의 노하우를 전달하는 사람을 메신저라고 부른다. 우리도 이제는 무엇을 하든 그것을 다른 사람들에게 효율적으로 전달하는 능력을 키워야 한다. 즉, 메신저가 되어야 한다.

나를 위해
살아야 한다

지금은 우리나라가 세계에서 영향력 있는 선진국으로 성장했지만, 불과 50~60년 전만 하더라도 한국은 세계에서 가장 가난한 나라 중 하나였다. 1950년 한국전쟁 이후 다른 나라의 원조 없이는 살 수 없는 나라였다. 당시 현대식 실내 체육관이 없는 한국이 불쌍하다며 다른 나라에서 지어줄 정도였는데, 이때 지원받은 것이 1963년 건립된 장충체육관이고 이때 지원해준 나라가 바로 필리핀이다. 지금으로서는 상상도 할 수 없는 일이지만 그 당시만 하더라도 필리핀은 우리나라보다 훨씬 잘사는 나라였다.

그러면 어떻게 불과 50~60년 만에 우리는 경제 대국으로 성장할 수 있었을까? 바로 정부 주도와 선진국의 원조를 통해 중화학 중심 산업을 발전시켰기 때문이다. 제철소, 조선소, 건설, 자동차 산업 등의 제조업 중심으로 산업을 발전시켰다. 그러면서 삶의 가치를 어느 무엇보다 일에 우선권을 두고 살아왔다. 우리 아버지들은 본인을 희생하면서까지 가족을 위해서 일했고, 항상 근면, 성실을 강조하면서 살아오셨다. 그 결과 지금도 OECD 국가 중 가장 높은 근무 시간을 자랑한다. 그와 동시에 우리나라는 세계 어느 나라에서도 볼 수 없는 눈부신 경제 성장을 이룩했다. 하지만 급하게 성장하면 그만큼 부작용이 생겨나기 마련이다.

우리 주변의 아버지들을 보면 그 부작용을 확인할 수 있다. 대부분의 중년 남자들은 아직도 가정보다 회사를 중요시하며 회사 일을 위해서라면 가족의 희생은 당연하다고 생각한다. 회사의 중요한 일과 집안의 중요한 일이 겹치면 당연하다는 듯이 회사를 선택했다. 누구보다도 열심히 일했지만 정작 본인의 삶은 잃어버렸다.

아무리 열심히 일해도 직장에서는 60세 이상까지 일하기가 쉽지 않다. 명예퇴직이라는 말로 명예롭게 퇴직을 한다고 포장하지만 명퇴 이후 우리 아버지들의 삶은 명예로워 보이지 않는다. 직책과 직함을 떼고는 본인 스스로 할 수 있는 것이 아무것도 없다. 본인이 무엇을 좋아하는지도 모르고 살았으며, 무엇을 즐기면서 살아야 하는지도 모르면서 살았다.

실제로 50대 남성들은 놀고 즐길 수 있는 시간을 주어도 제대로 즐기지 못한다. 결국은 모여서 술을 마시는 것 이외에는 할 줄 아는 것이 없다. 내 주위 사람들도 마찬가지다. 지인 중에 모 대기업 임원이 있다. 최근 그는 본인의 부친상으로 10일 동안 회사를 나가지 않았는데, 30년 회사생활 동안 그렇게 오랜 기간 쉬어본 적이 없다고 했다. 본인의 아버님이 돌아가셨는데도 불구하고 회사에 출근하지 않는 기간 동안 회사 일이 신경 쓰였다고 한다. 결국 하루에 한 번씩 별일이 없는지 부하 직원에게 전화해서 확인을 했다고 한다. 그렇게 회사를 걱정해도 본인이 없는 동안 회사는 잘만 돌아간다. 실제로도 아무 일도 일어나지 않았다고 한다.

이런 모습이 바로 우리 아버지들의 현실이다. 회사에 다니면서도 3일 이상 휴가를 가면 큰일이 나고, 있는 휴가도 반납하고 일을 해야 하는 것으로 생각한다. 최근에는 문화가 많이 바뀌어서 일과 삶의 균형을 찾아가고 있지만, 그것도 여건이 좋은 공기업이나 대기업에 국한된 이야기이다. 대부분의 사람들은 많은 시간을 회사에서 보내고 있다.

도대체 누구를 위해서 그렇게 열심히 일을 하는지 모르겠다. 그렇게 열심히 일한 결과가 무엇인가? 뒷방 늙은이 취급만 당하는 것이다.

　우리 아버지들은 아직까지 근면, 성실을 강조하고 있다. 하지만 이제는 근면, 성실하기만 해서는 절대로 성공할 수가 없다. 본인과 가족들을 희생하면서까지 근면, 성실해봐야 자신에게 이득이 되는 것은 하나도 없고 자식들은 아버지를 돈을 벌어다주는 사람으로만 인식한다.

　근면, 성실도 자신이 원하고 하고 싶은 일을 할 때나 가능한 것이다. 그러니 이제는 무조건 주어진 자리에서 열심히 일할 것이 아니라, 자기가 하고 싶은 것을 즐기면서 일해야 한다. 주변에 휩쓸려 본인을 희생시키지 말자. 자기가 정말 하고 싶은 일을 찾아 나서야 한다. 그리고 즐기면서 해야 한다. 자기가 하고 싶은 일이라면 다른 사람이 하지 말라고 해도 근면, 성실하게 할 수 있다. 그러기 위해서는 먼저 자기가 무엇을 원하고 바라는지부터 아는 것이 중요하다. 그리고 자기가 당장 할 수 있는 일부터 하나하나 실행으로 옮기자. 이제는 남을 위해 살지 말고 자신을 위해 살아야 한다.

　지금까지 자기 자신이 좋아하는 것을 찾는 방법을 몇 가지 소개했지만, 결국 자기 인생은 스스로 선택하고 결정하는 것이다. 지금은 당장 어떻게 해야 할지 몰라 다른 사람들이 어떻게 했는지 찾아보고 따라하겠지만 결국은 절대 그 사람이 될 수 없다. 남들이 어떻게 원하는 것을 이루었는지, 어떻게 성공했는지 확인해서 그들의 방식을 참고할 수는 있지만 그들은 자신과 완전히 똑같을 수 없다. 결국은 오직 자신만을 위한 자기만의 방식을 스스로 만들어야 한다. 그리고 그 안에서 자신만의 차별성을 만들어야 한다.

하버드 대학교 교수로 재직 중인 혜민 스님은 본인의 저서 〈멈추면, 비로소 보이는 것들〉에서 다음과 같이 말한다.

"혜민 스님, 장차 법정 스님처럼 큰스님 되세요." 라고 말하는
사람을 향해
"네, 감사합니다. 하지만 전 법정 스님이 아닌 혜민 스님이 되고
싶어요." *

— 혜민, 〈멈추면, 비로소 보이는 것들〉 —

그렇다. 나는 그 어떤 누구도 될 수 없다. 오직 '나'가 되어야 한다. 혜민 스님도 법정 스님을 존경하지만 제2의 법정이 되기는 싫었던 것이다. 오직 혜민 자신이 되고 싶었던 것이다. 우리도 다른 사람의 말만 들으면서 자기 인생을 결정하지 말고 자기 스스로 주관을 가지고 자기 인생을 살아야 한다. 남들이 하는 것들을 따라하면서 One of them이 되지 말고 자기만의 것을 하면서 Only One이 되어야 한다.

혜민 스님의 저서인 〈멈추면, 비로소 보이는 것들〉의 한 부분을 소개하면서 마치고자 한다.

이제 더 이상 남들이 좋다고 하니까, 아니면 친구들이 많이들 하니까 피라미처럼 이리 몰려다니고 저리 몰려다니고 하지 말아요. 내 주관을 세우고 스스로 독창적인 트렌드세터가 되세요. 기존의 패러다임을 당신이 뒤집으세요.*

- 혜민, 〈멈추면, 비로소 보이는 것들〉 -

- - - - - - - - - - - - - - - - - -

* 혜민, 『멈추면, 비로소 보이는 것들』, 수오서재, 2017.

현재 하는 일에 만족하시나요?
어떻게 좋아하는 일을 찾으셨나요?

현재 크게 두 가지의 일을 하고 있습니다. 먼저 진로연구소를 운영하면서 다른 사람에게 이야기를 들려주거나 또는 이야기를 들어주는 일을 하고 있습니다. 그리고 추가적으로 자동차 관련 사업도 진행하고 있습니다.

저는 정말 우연한 기회에 이 두 가지 일을 할 수 있게 되었습니다. 먼저 강의 관련 일을 하게 된 계기에 대해서 설명하자면 10여 년 전으로 거슬러 올라가는데, 당시 직업 군인이었던 저는 가장 중요한 임무 중 하나가 바로 보고였습니다. 현재 상황을 정리해서 상급자에게 이해하기 쉽게 내용을 전달해야 합니다. 그와 더불어 부하 직원들에게 군사 관련 이론을 교육시켜야 했고요. 즉, 교관으로서의 임무를 수행하는 것입니다. 이렇게 군생활을 하는 동안 누군가에게 이야기를 전달하는 능력을 길렀습니다. 하지만 그때까지만 해도 그렇게 누군가의 앞에서 무언가를 이야기하는 것에 대해 별다른 생각이 없었습니다.

그리고 군생활을 마무리하고 회사에 취직을 하였습니다. 그런데 회사에서 발표하는 능력을 필요로 하는 것입니다. 그룹을 지어서 프로젝트를 수행하게 되고 그 프로젝트에 대한 결과를 그룹 중 한 사람이 발표해야 하는 상황이었습니다. 저는 군대에서의 경험으로 발표에 거부감이 없었기 때문에 자원하여 프레젠테이션 능력을 인정받게 됩니다. 이때 프레젠테이션을 진행하면서 저 스스로도 남들 앞에서 이야기하는 것에 대해 거부감이 없다는 것을 인지하게 되고 더 나아가 그 자체를 즐기고 있는 자신을 발견하게 됩니다.

그 후 저는 누군가에게 무엇을 전달하는 것에 즐거움을 느낀다는 것을 알았기 때문에 비슷한 일을 찾아 지원하게 됩니다. 업무에 필요한 발표나 프레젠테이션은 제가 진행하는 경우가 많았고 사내강사가 되어서 후배 직원들에게 업무 관련 내용을 전달하는 역할도 맡게 되었습니다. 그러다 업무 외적으로 사회공헌활동의 일환으로 회사 인근 중·고등학교의 학생들을 지도하는 야학교사로 참여하게 됩니다. 더 나아가서는 외부 특강을 진행하게 됩니다. 인근 중·고등학생들을 상대로 하는 진로 관련 특강은 학생들에게 들려주고 싶은 메시지를 정리해서 1시간 내지 2시간 동안 이야기를 전달하는 활동이었습니다. 이 일을 하면서 정말 내가 남들 앞에 서 있는 것을 즐긴다는 사실을 깨닫게 되었습니다. 특히 소수의 사람들이 모인 곳보다 많은 사람들이 모인 곳에서 이야기하는 것이 훨씬 즐거웠습니다.

이후 좀 더 본격적으로 이 일을 하기 위해서 학교 밖 청소년을 지도하는 일도 하게 되었고, 그로 인해 장관상도 수상하고, 더 나아가 진로연구소활동을 하며 책도 출판하게 되었습니다.

이렇게 우연한 기회와 행동을 통해 나에게 맞는 분야를 깨달았고 나를 즐겁게 해주는 이 일을 위해 내가 할 수 있는 것부터 시작하고 노력했습니다.

그리고 저는 어릴 적부터 자동차를 좋아했는데, 자동차 잡지를 매달 구독할 정도로 오랜 시간 파고든 결과, 이제 시중에 나와 있는 차를 모두 알고 있는 것은 물론이고 그 차들의 가격과 옵션, 특징과 장단점까지 다 꿰고 있었습니다.

자동차를 좋아하던 초기에는 막연하게 카레이서가 되고 싶었던 적도 있지만, 한때는 자동차 관련 기자가 되고 싶었습니다. 그래서 내가 원하는 차를 내 마음대로 실컷 타보는 것이 소원이었습니다. 하지만 현실은 쉽지 않았습니다. 카레이서가 되기에는 시간과 여유가 부족했고 자동차 관련 기자가 되기에는 수입이 현실적이지 않았습니다. 그렇다고 내가 원하는 차를 내 마음대로 소유하거나 빌려 탈 수 있는 경제적인 여유가 있지도 않았습니다. 그렇게 자동차 관련 일을 하면서 돈을 번다는 것을 꿈으로만 생각했습니다.

하지만 좀 더 경제적으로 다양한 차를 탈 수 있는 방법에 대해서는 포기하지 않고 찾았으며, 매일 자동차 관련 기사를 보았습니다. 그러던 도중 한 자동차 구매 관련 사이트에서 평소 타고 싶었던 스포츠카 구매에 대한 문의를 남기게 됩니다. 그 한 번의 문의를 계기로 사이트를 담당하던 전직 카레이서와 연락을 주고받게 되었고, 자동차에 대한 많은 정보를 주고받았습니다. 그와 만나서 자동차 이야기를 하는 것이 저는 무척이나 흥미로웠습니다. 그러던 어느 날 그는 자신이 진행하고 있는 사업을 같이 하자는 제안을 해왔습니다. 제가 고민하던 경제적인 자동차 이용 방법에 솔루션을 제공하는 사업이었던 만큼 기쁜 마음으로 그와 함께 사업을 진행하고 있습니다.

자동차에 대한 열정이 있었고 행동으로 옮기는 것을 두려워하지 않았기 때문에 이제는 정말 내가 그토록 원하던 자동차 관련 일을 하면서 돈을 벌고 있습니다. 사실 제가 진행하는 이 사업이 잘되지 않아도 상관없습니다. 이 사업으로 인해 내가 좋아하는 차를 다양하게 접할 수 있게 되었고, 내가 타고 다니는 차도 큰 비용 들이지 않고 경제적으로 탈 수 있는 구조가 만들어졌기 때문입니다. 사업에서 생기는 수익은 부수적인 것입니다.

저는 제가 좋아하는 것을 찾아서 내가 할 수 있는 것부터 실행했습니다. 남들 앞에 서서 무언가를 전달하는 것을 좋아한다는 것을 깨달았고 그래서 내가 할 수 있는 강의와 컨설팅을 진행했습니다. 사업은 어릴 적부터 그토록 자동차를 좋아했었고, 새로운 도전을 두려워하지 않았기 때문에 할 수 있었던 일입니다.

내가 좋아하는 일을 하면서 수익까지 낼 수 있다면 얼마나 행복한 일이겠습니까? 물론 당장 내가 좋아하는 일을 한다고 해서 많은 돈을 벌거나 성공할 수는 없습니다. 그리고 내가 좋아하던 것이 언젠가는 지겨워질 수도 있습니다. 하지만 아직까지는 그 일들을 하는 것만으로 좋습니다. 수익이 되지 않는다거나 일이 싫어진다면 그때 되어서 또 다른 일을 하면 됩니다. 그때까지는 내가 좋아하는 일을 즐겁게 하고 싶습니다.

직장인에서
진로 멘토가 되기까지

나는 현재 평범한 직장생활을 하고 있는 직장인이다. 결혼을 해서 두 아이의 아빠로 살고 있는 한 가정의 가장이기도 하다. 이렇게 지극히 평범한 직장인이 업무와 관련된 내용도 아닌 진로에 관한 내용으로 어떻게 책을 쓸 수 있었을까?

결정적인 이유를 말하자면 이전의 나는 인생이 재미가 없었다. 재미없다고 느낀 삶이 책을 쓰게 한 불씨였다. 회사 일은 내가 생각하고 원하던 일이 아니었다. 그저 남들과 똑같은 삶을 살아가고 있다는 것이 너무나도 싫었다. 그래서 '과연 내가 지금 상황에서 조금 더 재미를 느끼면서 할 수 있는 일이 무엇일까?' 늘 고민했다. 그러던 도중 우연한 기회에 회사에서 진행하는 지역 중·고교 대상 진로특강 지식나눔봉사활동에 참여하게 되었다. 거기에서 많은 청소년들을 만났고, 나 역시 많은 것을 느끼게 되었다. 한 번으로 끝날 줄 알았던 강사생활이 3년째 계속 이어지고 있다. 그동안 강의를 하면서 모은 자료와 내가 느꼈던 것들을 정리해보았다. 그러면서 다른 청소년들에게도 나의 메시지를 전달하고 싶은 욕심과 좀 더 많은 청소년들에게 도움을 주고 싶은 생각에 책을 쓰기로 마음을 먹었다.

나는 대학에서 기계공학을 전공했다. 그리고 친구들이 군대를 갈 때 ROTC에 지원해서 육군 장교로 군생활을 했다. 그때도 남들과 똑같이 군생활을 하는 것이 영 내키지 않았던 것 같다. 그렇게 군대에서 소대장, 중대장 생활을 하다 보니 다른 사람들 앞에서 이야기할 기회가 많았고, 직급이 높은 분들 앞에서 발표를 해야 하는 상황도 많이 있었다. 또, 교관을 하면서 자주 남에게 무언가를 전달하고 지시했다. 이러한 경험을 통해 남들 앞에 서서 이야기하는 것에 대한 거부감이 사라졌다. 오히려 내가 남들 앞에서 무언가를 이야기할 때 그 상황을 즐기고 있다는 느낌까지 든 적도 있었다.

군생활을 마친 나는 대기업에 입사했다. 이제 재밌게 살 일만

남았다 싶었지만 그 생각은 얼마 가지 못했다. 군대에선 장교로 복무하면서 내 말 한마디에 100여 명이 움직였는데, 사회에선 내가 이제막 사회로 나온 막내에 불과했던 것이다. 회의를 하면 커피를 타야했고 회식을 하면 고기를 구워야 했다. 이런 사소한 것부터 시작해서직장생활은 내가 원하던 일을 하는 곳이 아니었다. 군대보다 더 분위기가 딱딱했고, 내가 스스로 할 수 있는 일은 매우 제한적이었다. 점점 회사생활에 흥미를 잃어갔다. 하지만 그만두고 싶어도 현실의 벽에 부딪쳐 그럴 수 없었다. 그 무렵 결혼을 하고 아이를 출산했기 때문이다.

그러던 도중 회사에서 지역 학교 학생들을 대상으로 야학을 진행한다며 교사를 모집했다. 회사생활만 하는 것이 너무도 재미가 없었고, 뭐든 다른 일을 하고 싶었던 찰나 야학 교사 모집 공고를 본 것이다. 대학생 때 과외 수업도 해봤고, 군인 시절 교관으로 복무도 해봤으니 남들에게 무언가 가르치는 일에는 자신이 있었기에 곧바로지원했다. 그리고 매주 수요일이면 퇴근 후 지역 중학교에 가서 수학을 가르치기 시작했다. 주위에서는 업무 시간에 업무 대신 하는 것도 아니고 퇴근하고 나서 추가로 해야 하는 그 일을 왜 하느냐고 물었다. 물론 내 업무와 상관없이 더 신경 써야 하는 일이었지만, 나는 매주 그 친구들을 만나는 것이 재미있었다. 그러면서 재미없던 나의 직장생활은 조금씩 활기를 찾기 시작했다. 가끔 홍보팀에서 사회공헌 활동 내용으로 야학 관련 기사를 사내 신문이나 지역 신문에 싣곤 했는데, 내 얼굴이 가장 많이 나왔다. 그러면서 직장생활에 대한 아쉬움이나 갈증은 조금 나아지기 시작했다.

이후 야학 교사로 활동을 하고 있는 도중 지역 학교를 대상으로 진로 관련 특강을 진행하는 일일 특강 강사를 모집한다는 공문이 내 시선을 끌었다. 야학 교사로 활동하면서 청소년들을 만나고 있던 중이기 때문에 관심을 가지지 않을 수 없었다. 원래 사회공헌활동으로 회사 임원들이 지역 학교 학생들을 대상으로 진행하던 진로 특강이었는데, 일반 직원들까지 확대해서 시행한다는 것이었다. 거기에도 나는 아무런 망설임 없이 지원했다. 차장, 부장급이 강사진의 주축을 이루는 가운데 최연소 특강 강사를 하게 되었다.

내가 하고 싶은 말을 정리해서 강의 자료로 만들고 첫 강의를 진행했다. 교실이 아닌 강당에서 강의가 이루어졌다. 군대에서의 경험 덕분에 남들 앞에 서서 이야기를 하는 데 전혀 부담감이 없었다. 첫 강의는 성공적으로 마무리되었다.

돌이켜 보면 그때부터 내 인생이 조금씩 바뀌기 시작했던 것 같다. 특강을 진행한 학교의 진로 선생님이 나를 너무 좋게 보신 것이다. 아니면 지금까지 특강을 하러 오시는 분들은 40대 이상 아저씨들이었는데, 30대 초반의 내가 신선하게 느껴지는 효과가 있었는지도 모른다. 어쨌든 젊은 선생님이 잘생기고 말도 아주 잘하더라고 다른 학교 진로 선생님들께 소문을 내신 것이다. 여러 학교의 진로 선생님들 사이에서 어느새 내가 유명해졌다. 이후 다른 학교에서 우리 회사로 진로 특강을 신청할 때 나를 지정해서 요청하기 시작했고, 나는 사내 최다 특강 출강 강사가 되었다. 5년 동안 나 역시 재미있게 특강을 진행했다. 학생들에게 무언가를 전달해야 하는 만큼 여러 가지를 공부하고 연구했다. 그럴 때마다 스스로 성장하는 느낌도 들었다.

2016년부터는 지역 교육청에서 진로 진학 멘토 교사 위촉장까지 받아 공식적으로 활동할 수 있게 되었다.

진로 특강을 하면서 남들에게 무언가 주는 것에 대한 기쁨을 알게 되었다. 물론 특강을 할 때 강의 내용을 듣지 않고 딴짓을 하거나 잠을 자는 학생도 있지만, 진지하게 본인의 진로를 고민하고 질문하는 학생들을 볼 때면 기특하기도 하고, 내가 도움을 줄 수 있다는 사실에 보람과 기쁨을 느낄 수 있었다. 더 할 수 있는 것이 없는지 고민하던 중 인터넷에서 우연히 꿈드림센터 학습 지도 멘토를 모집한다는 공고를 보게 되었다. 꿈드림센터 멘토는 학교에 다니지 못하는 청소년들을 대상으로 학습 지도를 하고 검정고시를 볼 수 있게 도와주는 역할을 맡는다고 한다. 지금까지의 경험을 살려 실질적으로 누군가에게 도움을 주고 싶었던 나에게 적합한 활동이었다.

그래서 멘토에 지원했고 활동을 하면서 한 친구를 만나게 되었다. 그 친구는 대학 수시 모집에 원서를 쓰고 싶어 했는데, 검정고시부터 준비할 수 있도록 학습 멘토링을 진행했다. 검정고시 점수가 90점 이상이 되어야 수시 원서를 낼 수 있는 상황이었다. 그런데 다른 과목은 모두 90점 이상이 나오는데 수학 점수가 50점밖에 나오지 않는 것이다. 어찌해야 할지 고민 끝에 검정고시 시험 3개월 전부터 수학 기출문제를 같이 풀었다. 우리는 일주일에 한 시간씩 만나 공부를 하며 수학 점수를 높이려고 노력했다. 대학 시절의 과외 경험과 최근 야학 교사 경험을 살려 열심히 지도했다. 결국 그 친구는 본 검정고시 수학 과목에서 85점을 받는 기적을 이루었고, 모의고사에서 한 번도 넘어보지 못한 평균 90을 넘는 점수를 받았다. 지금은 당당히 대학에 입학하여 캠퍼스의 낭만을 누리고 있는 중이다. 이 친구 이후로도 대학 입시 준비 및 자격증 취득과 관련해서 학습 지도 및 멘토링을 하였고, 그 결과 2018년 11월에는 전국 우수 멘토로 선정되어 여성가족부 장관상까지 수상하는 영예를 안게 되었다.

재미없던 회사생활에서 벗어나 보고자 시작했던 일이 진로 강사와 꿈드림 학습 지도 멘토, 글을 쓰는 작가로까지 뻗어나가게 되었다. 그 경험에서 나는 많은 걸 느꼈다. 사람은 성장하는 느낌을 받을 때 엄청난 희열을 느낀다. 또 그렇게 성장하려면 스스로 자기가 할 수 있는 일을 찾아야 하며, 당장 할 수 있는 것부터 실행해야 한다.

나도 개인적으로 현재의 삶에 안주하지 않고 조금 더 성장하기 위해 노력을 하고 있다. 시간이 날 때마다 책을 읽고, 기회가 될 때마다 다양한 사람들을 만난다. 그 속에서 내가 지금까지 알지 못했던 것을 알게 되고, 새로운 것을 깨닫게 된다. 그러면서 그중 내가 직접 할 수 있는 일이 무엇인지 파악하고, 지금 당장 할 수 있는 일부터 바로 실행한다. 그러면 분명히 변화하는 자신을 발견하게 될 것이다.

이 책을 쓰는 것 또한 나에겐 도전이다. 할 수 있을 것 같았고, 보람이 있을 것 같아 실행하게 되었다. 여기까지 한 권의 책을 마무리하며, 그 예상은 틀림이 없다 생각한다.

사람들은 왜 돈도 되지 않는 멘토활동을 하냐고 묻는다. 그럴 때마다 나는 이렇게 대답한다.

"그냥 내가 좋아서 해."

사람은 좋아하는 일을 하면서 살아야 한다.